de Bécquer a García Márquez

de
Bécquer
a
García
Márquez

LITERARY SELECTIONS
FOR THE INTERMEDIATE LEVEL

HOLT EDITORIAL STAFF

with introductions by

Orlando Gómez-Gil

Central Connecticut State College

HOLT, RINEHART AND WINSTON
New York • San Francisco • Toronto • London

Permissions and acknowledgements are at the end of the book.

Library of Congress Cataloging in Publication Data

Main entry under title:

De Bécquer a García Márquez

   Preface in English.
   CONTENTS: Bécquer, G. A.   La cueva de la mora.–
Martí, J. V.   La bailarina española.–Martínez Ruiz, J. (Azorín)
La España invisible. [etc.]
   1. Spanish language–Readers.   I.   Holt, Rinehart
and Winston, Inc.   II.   Title.
PC4117.D317   1975   468'.6'421   74-32038
ISBN 0-03-012791-2

Foreign Language Department
5643 Paradise Drive
Corte Madera, California 94925

5 6 7 8 9 0   065   9 8 7 6 5 4 3 2 1

Printed in the United States of America

Table of Contents

Preface

This reader and its companion, *De Larra a Fuentes*, are intended for use during the second year of college Spanish or the third year of high school Spanish. Different writers are represented in the two volumes but neither is more "advanced" than the other.

The contents and format of these readers were largely determined by the responses to a questionnaire we sent to college Spanish departments. The great majority of those who responded asked for an intermediate reader containing a collection of short materials by writers of the Spanish-speaking world whose works had something meaningful to say to students in this country, and in language that students on the intermediate level could cope with. The respondents also said that they wanted footnotes (in English) for difficult terms, questions that would test and clarify the student's comprehension of the reading, questions that would stimulate thought and discussion on the larger meaning of the reading, and a Spanish-English end vocabulary.

Surprisingly, there was widespread agreement concerning which writers to include. As the questionnaires returned to our office, the same names kept appearing — Unamuno, Martí, Cela, Rulfo, Matute, Borges, Paz, García Lorca, Neruda, Fuentes, Azorín, García Márquez, and so on. Most of those who responded said they wanted contemporary writers, and while some said they wanted either Peninsular or Latin American writers but not both, the great majority said that they didn't care so much where the writers came from so long as their works shed some light on the Spanish-speaking world—and, not so incidentally, on the world in general.

With one or two exceptions, all the works included in these two readers were written during the past hundred years. Each volume contains four Peninsular writers and seven Latin American writers. Each contains short stories, poems and essays. Each contains brief introductions in Spanish for the writers, footnotes, questions on content, discussion questions, and an end vocabulary. The selections are arranged more or less in chronological order. There has been no attempt to make the selections progress from the easy to the more difficult, nor has there been any attempt to make one reader more advanced than the other. Our purpose has been to provide a judicious mix of Spanish writings in a variety of forms written by authors from a number of countries.

We received over 100 questionnaires from colleges and universities across the country, and want to express our thanks to those who took the time to respond. Among the respondents were:

Agnes Scott College
Albion College
Armstrong College
Asbury College
Avila College
Bartlesville Wesleyan College
Beloit College
Benedictine College
Birmingham Southern College
Blackburn College
Brigham Young University
Broward Community College
Buena Vista College
Butte College
California Lutheran College
California State University
San Bernadino
California State University
San Jose
Carthage College

Catholic University
Central State University
Centre College
Chipola Junior College
Clackamas Community
College
Cleveland State University
Colby College
College of Wooster
Columbia Basin College
County College of Dorris
Cullman College
Davidson Community College
De Paul University
De Pauw University
East Carolina University
East Central State College
Edgewood College
Erskine College
Findlay College

Florida A and M University
Florida State University
Franklin Pierce College
Furman University
Georgia State College
Glassboro State College
Hardin-Simmons University
Hendrix College
Holy Names College
Iowa Wesleyan
Jacksonville University
Jamestown College
Kansas State College
Kansas State Teachers College
Kennesaw Junior College
Kent State University
Kentucky Wesleyan College
Keuka College
Kutztown State College
Lamar Community College
La Verne College
Lewis University
Loop College
Lowell State College
Loyola College Baltimore
Mary Baldwin College
Massachusetts Bay Community College
Meramec Community College
Mercer County College
Miami University of Ohio
Miami-Dade Community College
Middlebury College
Middle Georgia College
Monmouth College
Mount Hood Community College

Nazareth College
New Mexico State University
Northern Essex Community College
North Platte Community College
Northwestern State University
Ottumwa Heights College
Pacific Union College
Palm Beach Junior College
Pensacola Junior College
Phoenix College
Pomona College
Portland State University
Potomac State College
Quincy College
Randolph-Macon College
Saint Mary College
Saint Mary's College
Saint Mary's Dominican College
Saint Petersburg Junior College
San Francisco State University
Santa Barbara City College
Sidwell Friends School
Sierra College
Southern Missionary College
Southern State College
Spokane Falls Community College
Spring Hill College
Tarrant County Junior College
Tulane University
Union College
University of Arizona
University of Cincinnati

University of Dallas
University of Dayton
University of Florida
University of Georgia
University of Houston
University of Kansas
University of Mississippi
University of Missouri
University of North Carolina
University of South Alabama
University of South Florida
University of the South
University of Tennessee
University of Tulsa

University of Washington
University of Wisconsin
University of Wyoming
Vanderbilt University
Ventura College
Wake Forest University
Wartburg College
Western Carolina University
Western Connecticut State
   University
Wichita State University
Williams College
Winthrop College
Yankton College

ritmo armonioso. Con su amplia imaginación, el autor logra integrar la acción novelesca con la creación de una atmósfera alada y misteriosa. Las leyendas se basan en viejas historias de la época medieval, o en la visión que le inspira lo oriental, un lugar solitario, un castillo en ruinas, etc. Los temas son variados: hay motivos orientales, creencias religiosas, hechicerías, el misterio de la muerte, el terror y el amor.

La selección que ofrecemos, "La cueva de la mora", es una típica leyenda de caballeros. La historia se centra en el amor apasionado, vehemente y sincero entre un caballero cristiano y una joven mora, que es un tema literario y legendario muy común en la literatura española. La nota romántica se encuentra en la imposibilidad de que ese amor pueda realizarse entre los amantes, debido a las diferencias religiosas y a la lucha abierta entre árabes y cristianos de la época. El escenario es uno de los lugares preferidos de Bécquer, Fitero, en la región de Navarra. Aunque el relato tiene elementos realistas, se construye a base de la tradición que un campesino le cuenta al autor y se desarrolla en una atmósfera de misterio.

La cueva de la mora

Frente al establecimiento de baños de Fitero,[1] y sobre unas rocas cortadas a pico,[2] a cuyos pies corre el río Alhama, se ven todavía los restos abandonados de un castillo árabe, célebre en los fastos gloriosos de la Reconquista,[3] por haber sido teatro de grandes y 5 memorables hazañas, así por parte de los que lo defendieron, como de[4] los que valerosamente clavaron sobre sus almenas el estandarte de la cruz.

De los muros no quedan más que algunos ruinosos vestigios; las piedras de la atalaya han caído unas 10 sobre otras al foso y lo han cegado por completo; en el patio de armas crecen zarzales y matas de jaramago;[5] por todas partes adonde se vuelven los ojos no se ven más que arcos rotos, sillares oscuros y carcomidos: aquí un lienzo de barbacana,[6] entre 15 cuyas hendiduras nace la hiedra; allí un torreón, que aún se tiene en pie[7] como por milagro; más allá los

[1] Fitero: *a town in the Spanish province of Navarre, famous for its medicinal baths*
[2] cortadas a pico: *sharply hewn*
[3] la Reconquista: *the Reconquest. The Moors invaded and occupied most of Spain during the seventh and eighth centuries. For the next 800 years the forces of Christianity fought to expel these invaders. This 800-year period of Spanish history is known as la Reconquista.*
[4] así por parte. . .como de: *as much on the part of. . .as (on the part) of*
[5] matas de jaramago: *mustard bushes*
[6] lienzo de barbacana: *barbican front (of wall)*
[7] aún se tiene en pie: *still remains standing*

postes de argamasa, con las anillas de hierro que sostenían el puente colgante.

Durante mi estancia en los baños, ya por hacer ejercicio[8] que, según me decían, era conveniente al
5 estado de mi salud, ya arrastrado[9] por la curiosidad, todas las tardes tomaba entre aquellos vericuetos el camino que conduce a las ruinas de la fortaleza árabe. Allí me pasaba las horas y las horas escarbando[10] el suelo por ver si encontraba algunas armas, dando
10 golpes en los muros para observar si estaban huecos y sorprender el escondrijo de un tesoro, y metiéndome por todos los rincones con la idea de encontrar la entrada de algunos de esos subterráneos que es fama existen[11] en todos los castillos de los moros.
15 Mis diligentes pesquisas fueron por demás infructuosas.[12]

* * *

Sin embargo, una tarde en que ya desesperanzado[13] de hallar algo nuevo y curioso en lo alto de la roca sobre que se asienta el castillo,[14] renuncié a
20 subir a ella y limité mi paseo a las orillas del río que corre a sus pies, andando a lo largo de[15] la ribera, vi una especie de boquerón abierto en la peña viva y medio oculto por frondosos y espesísimos matorrales. No sin mi poquito de temor[16] separé el ramaje que
25 cubría la entrada de aquello que me pareció cueva

[8] ya por hacer ejercicio: *either for exercising*
[9] ya arrastrado: *or (because I was) carried away*
[10] escarbando: *scratching up*
[11] que es fama existen: *that are rumored to exist*
[12] por demás infructuosas: *in vain, fruitless*
[13] ya desesperanzado: *already discouraged*
[14] sobre que se asienta el castillo: *that the castle sits on*
[15] a lo largo de: *alongside*
[16] no sin mi poquito de temor: *a little apprehensive*

formada por la naturaleza y que después que anduve algunos pasos vi que era un subterráneo abierto a pico.[17] No pudiendo penetrar hasta el fondo, que se perdía entre las sombras, me limité a observar cuidadosamente las particularidades de la bóveda y 5 del piso, que me pareció que se elevaba formando como unos grandes peldaños en dirección a la altura en que se halla el castillo de que ya he hecho mención, y en cuyas ruinas recordé entonces haber visto una poterna cegada.[18] Sin duda había des- 10 cubierto uno de esos caminos secretos tan comunes en las obras militares de aquella época, el cual debió de servir para hacer salidas falsas[19] o coger, durante el sitio, el agua del río que corre allí inmediato.[20]

Para cerciorarme de la verdad que pudiera haber en 15 mis inducciones, después que salí de la cueva por donde mismo[21] había entrado, trabé conversación[22] con un trabajador que andaba podando unas viñas en aquellos vericuetos, y al cual me acerqué so pre- texto de[23] pedirle lumbre para encender un cigarrillo. 20

Hablamos de varias cosas indiferentes, de las propiedades medicinales de las aguas de Fitero, de la cosecha pasada y la por venir,[24] de las mujeres de Navarra y el cultivo de las viñas; hablamos, en fin, de todo lo que al buen hombre se le ocurrió, primero 25 que[25] de la cueva, objeto de mi curiosidad.

[17] abierto a pico: *made with a pickax*
[18] poterna cegada: *sealed postern*
[19] salidas falsas: *fake sorties, false attacks*
[20] allí inmediato: *close by (literally, right over there)*
[21] por donde mismo: *through the very same place*
[22] trabé conversación: *I struck up a conversation*
[23] so pretexto de: *under pretext of*
[24] la por venir: *the approaching one (harvest)*
[25] primero que: *instead of*

* * *

Cuando, por último, la conversación recayó sobre[26] este punto, le pregunté si sabía de alguien que hubiese penetrado en ella y visto su fondo.

—¡Penetrar en la cueva de la mora! —me dijo
5 como asombrado al oír mi pregunta—. ¿Quién había de atreverse? [27] ¿No sabe usted que de esa sima sale todas las noches un ánima?

—¡Un ánima! —exclamé yo, sonriéndome—. ¿El ánima de quién?

10 —El ánima de la hija de un alcaide moro que anda todavía penando por estos lugares, y se la ve todas las noches salir vestida de blanco de esa cueva, y llena en el río una jarrica de agua.

Por la explicación de aquel buen hombre vine en
15 conocimiento de[28] que acerca del castillo árabe y del subterráneo que yo suponía en comunicación con él, había alguna historieta; y como yo soy muy amigo de[29] oír todas estas tradiciones, especialmente de labios de la gente del pueblo, le supliqué me la
20 refiriese, lo cual hizo, poco más o menos,[30] en los mismos términos que yo a mi vez se la voy a referir a mis lectores.

* * *

Cuando el castillo del que ahora sólo restan[31] algunas informes ruinas, se tenía aún por[32] los reyes
25 moros, y sus torres, de las que no ha quedado piedra

---

[26] recayó sobre: *turned to, fell upon*
[27] ¡Quién había de atreverse! : *Who would have dared!*
[28] vine en conocimiento de: *I found out*
[29] muy amigo de: *very fond of, given to*
[30] poco más o menos: *more or less*
[31] del que ahora sólo restan: *of which there are now only*
[32] se tenía aún por: *was still held by*

sobre piedra,[33] dominaban desde lo alto de la roca en que tienen asiento[34] todo aquel fertilísimo valle que fecunda el río Alhama, ocurrió junto a la villa de Fitero una reñida batalla, en la cual cayó herido y prisionero de los árabes un famoso caballero cristiano, tan digno de renombre[35] por su piedad como por su valentía. 5

Conducido a la fortaleza y cargado de hierros por sus enemigos, estuvo algunos días en el fondo de un calabozo luchando entre la vida y la muerte hasta que, curado casi milagrosamente de sus heridas, sus deudos le rescataron a fuerza de oro.[36] 10

Volvió el cautivo a su hogar; volvió a estrechar entre sus brazos a los que le dieron el ser.[37] Sus hermanos de armas y sus hombres de guerra se alborozaron al verle, creyendo llegada la hora de emprender nuevos combates; pero el alma del caballero se había llenado de una profunda melancolía, y ni cariño paterno ni los esfuerzos de la amistad eran parte a[38] disipar su extraña melancolía. 15 20

Durante su cautiverio logró ver a la hija del alcaide moro, de cuya hermosura tenía noticias[39] por la fama antes de conocerla; pero cuando la hubo conocido la encontró tan superior a la idea que de ella se había formado, que no pudo resistir a la seducción 25

[33] de las que no ha quedado piedra sobre piedra: *which have been razed to the ground*
[34] tienen asiento: *(the towers) are built*
[35] tan digno de renombre: *as worthy of fame, renowned*
[36] a fuerza de oro: *with gold*
[37] los que le dieron el ser: *his parents*
[38] eran parte a: *were enough*
[39] tenía noticias: *he had heard of*

de sus encantos, y se enamoró perdidamente de un objeto para él imposible.[40]

* * *

Meses y meses pasó el caballero forjando los proyectos más atrevidos y absurdos: ora imaginaba un 5 medio de romper las barreras que lo separaban de aquella mujer; ora hacía los mayores esfuerzos para olvidarla; ya se decidía por una cosa; ya se mostraba partidario de otra absolutamente opuesta, hasta que al fin un día reunió a sus hermanos y compañeros de 10 armas, mandó llamar a sus hombres de guerra, y después de hacer con el mayor sigilo todos los aprestos necesarios, cayó de improviso[41] sobre la fortaleza que guardaba a la hermosura, objeto de su insensato amor.

15 Al partir a esta expedición, todos creyeron que sólo movía a su caudillo el afán de vengarse de cuanto le habían hecho sufrir[42] aherrojándole en el fondo de sus calabozos; pero después de tomada la fortaleza, no se ocultó a ninguno la verdadera causa de aquella 20 arrojada empresa, en que tantos buenos cristianos habían perecido para contribuir al logro de una pasión indigna.

El caballero, embriagado en el amor[43] que al fin logró encender en el pecho de la hermosísima mora, 25 ni hacía caso de los consejos de sus soldados. Unos y otros clamaban por salir cuanto antes[44] de aquellos

---

[40] un objeto para él imposible: *an unreachable person for him*

[41] de improviso: *unexpectedly*

[42] de cuanto le habían hecho sufrir: *for all the suffering they had caused him*

[43] embriagado en el amor: *intoxicated by the love*

[44] cuanto antes: *as soon as possible*

muros, sobre los cuales era natural que habían de caer nuevamente los árabes, repuestos del pánico[45] de la sorpresa.

*   *   *

Y en efecto, sucedió así: el alcaide allegó gentes de[46] los lugares comarcanos; y una mañana el vigía 5 que estaba puesto en la atalaya de la torre bajó a anunciar a los enamorados amantes, que por toda la sierra que desde[47] aquellas rocas se descubre, se veía bajar tal nublado de guerreros,[48] que bien podía asegurarse que iba a caer sobre el castillo la morisma 10 entera.

La hija del alcaide se quedó al oírlo pálida como la muerte; el caballero pidió sus armas a grandes voces, y todo se puso en movimiento en la fortaleza. Los soldados salieron en tumulto de sus cuadras; los jefes 15 comenzaron a dar órdenes; se bajaron los rastrillos; se levantó el puente colgante, y se coronaron de ballesteros las almenas.

Algunas horas después comenzó el asalto.

El castillo con razón podía llamarse inexpugnable. 20 Sólo por sorpresa, como se apoderaron de él los cristianos, era posible rendirlo. Resistieron, pues, sus defensores, una, dos y hasta diez embestidas.

Los moros se limitaron, viendo la inutilidad de sus esfuerzos, a cercarlo estrechamente para hacer capi- 25 tular a sus defensores por hambre.

El hambre comenzó, en efecto, a hacer estragos horrorosos entre los cristianos; pero sabiendo que una

---

[45] repuestos del pánico: *having recovered from the panic*
[46] allegó gentes de: *assembled people from*
[47] que desde: *from where*
[48] nublado de guerreros: *multitude of warriors*

vez rendido el castillo,[49] el precio de la vida de sus defensores era la cabeza de su jefe, ninguno quiso hacerle traición,[50] y los mismos que habían reprobado su conducta, juraron perecer en su defensa.

5 Los moros, impacientes, resolvieron dar un nuevo asalto al mediar la noche.[51] La embestida fue rabiosa, la defensa desesperada y el choque horrible. Durante la pelea, el alcaide, partida la frente de un hachazo, cayó al foso desde lo alto del muro, al que había 10 logrado subir con ayuda de una escala, al mismo tiempo que el caballero recibía un golpe mortal en la brecha de la barbacana, en donde unos y otros combatían cuerpo a cuerpo entre las sombras.

Los cristianos comenzaron a cejar[52] y a replegarse. 15 En este punto la mora se inclinó sobre[53] su amante que yacía en el suelo moribundo, y tomándole en sus brazos con unas fuerzas que hacían mayores la desesperación y la idea del peligro,[54] lo arrastró hasta el patio de armas. Allí tocó a un resorte, y por la boca 20 que dejó ver una piedra al levantarse como movida de un impulso sobrenatural,[55] desapareció con su preciosa carga y comenzó a descender hasta llegar al fondo del subterráneo.

*   *   *

[49] rendido el castillo: *once the castle was taken*
[50] hacerle traición: *to betray him*
[51] al mediar la noche: *at midnight*
[52] comenzaron a cejar: *they started to hold back*
[53] se inclinó sobre: *bent over*
[54] con unas fuerzas. . .peligro: *with strength that was increased by desperation and the thought of danger*
[55] por la boca. . .sobrenatural: *through the opening that was revealed by a rock that was raised as if moved by a supernatural force*

Cuando el caballero volvió en sí, tendió a su alrededor una mirada llena de extravío, y dijo:

—¡Tengo sed! ¡Me muero! ¡Me abraso!

Y en su delirio, precursor de la muerte, de sus labios secos, por los cuales silbaba la respiración al pasar,[56] sólo se oían salir estas palabras angustiosas:

—¡Tengo sed! ¡Me abraso! ¡Agua! ¡Agua!

La mora sabía que aquel subterráneo tenía una salida al valle por donde corre el río. El valle y todas las alturas que lo coronan estaban llenos de soldados moros, que, una vez rendida la fortaleza, buscaban en vano por todas partes al caballero y a su amada, para saciar en ellos su sed de exterminio:[57] sin embargo, no vaciló un instante, y tomando el casco del moribundo, se deslizó como una sombra por entre los matorrales que cubrían la boca de la cueva, y bajó a la orilla del río.

Ya había tomado el agua, ya iba a incorporarse para volver de nuevo al lado de su amante, cuando silbó una saeta y resonó un grito.

Dos guerreros moros que velaban alrededor de la fortaleza habían disparado sus arcos en la dirección en que oyeron moverse las ramas.

La mora, herida de muerte,[58] logró, sin embargo, arrastrarse a la entrada del subterráneo y penetrar hasta el fondo, donde se encontraba el caballero. Éste, al verla cubierta de sangre y próxima a morir, volvió en su razón;[59] y conociendo la enormidad del pecado que tan duramente expiaban, volvió los ojos al

---

[56] por las cuales. . .pasar: *his breath whistled through*
[57] sed de exterminio: *thirst for blood (literally, thirst for extermination)*
[58] herida de (a) muerte: *mortally wounded*
[59] volvió en su razón: *realized what was happening*

cielo, tomó el agua que su amante le ofrecía, y sin
acercársela a los labios, preguntó a la mora:

—¿Quieres ser cristiana? ¿Quieres morir en mi
religión,[60] y si me salvo salvarte conmigo?

5 La mora, que había caído al suelo desvanecida con
la falta de la sangre,[61] hizo un movimiento imper-
ceptible con la cabeza, sobre la cual derramó el
caballero el agua bautismal, invocando el nombre del
Todopoderoso.

10 Al otro día,[62] el soldado que disparó la saeta vio
un rastro de sangre a la orilla del río, y siguiéndolo,
entró en la cueva, donde encontró los cadáveres del
caballero y su amada, que aún vienen por las noches a
vagar por[63] estos contornos.

CUESTIONARIO

1. ¿A qué iba el autor a la ciudad de Fitero?
2. ¿Qué había cerca del río Alhama?
3. Durante su estancia en los baños, ¿qué hacía el autor
    todas las tardes?
4. ¿Qué descubrió una tarde entre los restos del castillo
    árabe?
5. Según el trabajador, ¿por qué nadie se atrevía a entrar a
    la cueva de la mora?
6. ¿Qué salía de la cueva todas las noches?
7. ¿En qué época se sitúa la acción de este cuento?

[60] morir en mi religión: *to die converted to my religion*
[61] falta de sangre: *loss of blood*
[62] al otro día: *the next day*
[63] vagar por: *to wander about*

8. Durante la reñida batalla junto a la villa de Fitero, ¿quién cayó prisionero de los árabes?

9. ¿Qué tuvieron que hacer los deudos del caballero cristiano para rescatarlo de los árabes?

10. Durante su cautiverio, ¿a quién conoció el caballero y qué le sucedió?

11. ¿Por qué era imposible para el caudillo cristiano amar a la hija del alcaide moro?

12. ¿Qué planes forjó el caballero meses más tarde? ¿Quiénes lo acompañaron en su empresa?

13. ¿Cómo pudieron los moros derrotar a los cristianos que habían tomado el castillo árabe?

14. ¿Qué hizo el caballero moribundo con el agua que le trajo la mora?

15. ¿Qué hizo la mora cuando el caballero le preguntó si quería ser cristiana?

PARA DISCUTIR Y ESCRIBIR

1. ¿Qué clase de cuento es "La Cueva de la mora"? Explique.

2. Según el relato, el caballero y su amada continuaron, por mucho tiempo, penando por los contornos del río Alhama. ¿Cree Ud. que los habitantes de Fitero todavía mantienen esta leyenda? ¿Cree Ud. en la existencia de ánimas?

3. ¿A qué drama de Shakespeare se parece este cuento? Describa algunas diferencias entre los dos relatos.

4. Haciendo uso del vocabulario del texto, describa el estado físico en que se encontraba el castillo árabe.

5. Describa cómo es el valle que fecunda el río Alhama, y qué tipo de cultivo se practica hasta la fecha.

2

José Martí

JOSÉ MARTÍ

CUBA, 1853-1895

Martí nació en La Habana de padres españoles y a los dieciseis años fue condenado a prisión por un año debido a sus actividades subversivas contra el régimen de España. Estudió en Madrid leyes mientras estuvo exiliado en España. Vivió el resto de su vida en el exilio: México, Guatemala, Venezuela y, especialmente, Nueva York donde pasó unos catorce años. En los Estados Unidos de América vivió del periodismo y en ese país conspiró y preparó el levantamiento para liberar a Cuba del dominio español. En 1895 regresa a Cuba donde muere a consecuencias de un combate contra las fuerzas españolas. Martí consagró toda su vida a la causa de la dignidad y la libertad y su literatura no es sino una defensa de sus ideales más amados: la independencia de su patria, la libertad y dignidad plena del hombre, el destino del continente americano, la igualdad esencial entre los hombres, la bondad y la necesidad de sacrificarse por lo bueno y lo justo, fe en el mejoramiento de la humanidad.

A pesar de una vida de febril actividad política y revolucionaria, Martí legó a la posteridad una copiosa obra que comprende poesía, ensayos, novela, cuentos e inclusive teatro. Se considera a Martí como uno de los iniciadores del modernismo, pues introduce tanto

*en la prosa como en el verso elementos innovadores
que se caracterizan por la originalidad de sus imágenes, símbolos y por su afán de renovar el lenguaje. Su
primer libro de versos, el* Ismaelillo *(1882), dedicado
a su único hijo, presenta versos tradicionales, pero
sobresalen por la novedad de las imágenes y por la
perfecta unión entre el ritmo del verso y la emoción
poética. Su obra más conocida,* Versos sencillos
*(1891), sobresale por su simbolismo y por el uso de la
metáfora y de la alegoría. Los temas son: la sinceri-
dad, la ciudad, el campo, la libertad, el arte, el amor,
la amistad, la mujer y la patria. Los* Versos libres
*(1913) fueron compuestos entre 1878 y 1882, y
reflejan las angustias del poeta, las luchas entre sus
sentimientos y su ideal revolucionario. Son versos
atormentados, herméticos y de ritmos difíciles. Por
último,* Flores del destierro *(1932) son poemas que
Martí escribió durante los años de 1885 al 1895, en
los que expresa su gran agitación política y deseos de
luchar por la libertad de su patria. Martí también
cultivó la prosa contenida en artículos, crónicas,
discursos y cartas, novela y cuentos.*

*Los dos poemas que ofrecemos como selección
forman parte de* Versos Sencillos *(1891). En el poema
V, Martí nos describe por medio de símbolos como es
su arte poética y compara su verso con la firmeza,
solidez y altura de un monte y con la suavidad de la
espuma. Su verso simboliza la esperanza ("verde
claro"), refleja los tormentos de su alma ("color
rojo") y se inspira en la naturaleza en la que él mismo
("ciervo herido") busca refugio al quedar herido en su
lucha con los hombres. El poema X, comúnmente*

conocido como *"La bailarina española"*, sobresale por el realismo descriptivo del poeta, quien describe con gran precisión y armonía poética todos los movimientos de un baile andaluz sin omitir detalles, pues señala hasta la reacción del público *("Y va el convite creciendo. . .")*. Es un poema rico en imágenes visuales, de lenguaje refinado y de mucho sensualismo. El cuerpo de la bailarina es esbelto, flexible y elegante como *"un alelí que se pusiese un sombrero"*. El ritmo del verso se adapta al ritmo del baile andaluz y, al igual que la canción andaluza, el poema termina con el mismo verso con que se inicia. Es un poema muy representativo del movimiento modernista.

V

Si ves un monte de espumas,
Es mi verso lo que ves:
Mi verso es un monte, y es
Un abanico de plumas.

5   Mi verso es como un puñal[1]
Que por el puño echa flor:
Mi verso es un surtidor
Que da un agua de coral.

Mi verso es de un verde claro
10   Y de un carmín encendido:
Mi verso es un ciervo herido
Que busca en el monte amparo.

Mi verso al valiente agrada:
Mi verso, breve y sincero,
15   Es del vigor del acero
Con que se funde la espada.

[1] puñal: *dagger and, figuratively, deep grief (Martí plays on the two meanings here)*

CUESTIONARIO

1. ¿Con qué compara Martí su verso?
2. ¿Por qué dice que su verso es como un puñal? Explique.
3. ¿Por que agrada al valiente el verso de Martí?

PARA DISCUTIR Y ESCRIBIR

1. Pensando en las metáforas de Martí, escriba una descripción de su verso empleando palabras más cotidianas.

X

El alma trémula y sola
padece al anochecer:
hay baile; vamos a ver
la bailarina española.

5   Han hecho bien en quitar
el banderón de la acera;
porque si está la bandera,
no sé, yo no puedo entrar.[1]

Ya llega la bailarina:
10   soberbia y pálida llega:
¿cómo dicen que es gallega?
pues dicen mal: es divina.[2]

Lleva un sombrero torero
y una capa carmesí:
15   ¡lo mismo que un alelí
que se pusiese un sombrero!

---

[1] yo no puedo entrar: *Martí's allusion to the Spanish flag, a symbol of oppression in Cuba that was fighting for its independence*
[2] es divina: *although the dancer is from Galicia, Spain [and therefore represents the enemy] her art is so unique that it transcends the political barrier*

Se ve, de paso, la ceja,
ceja de mora traidora:
y la mirada, de mora:
y como nieve la oreja.

Preludian,[3] bajan la luz,   5
y sale en bata y mantón,
la virgen de la Asunción
bailando un baile andaluz.

Alza, retando, la frente;[4]
crúzase[5] al hombro la manta: 10
en arco el brazo levanta:
mueve despacio el pie ardiente.

Repica con los tacones
el tablado zalamera,
como si la tabla fuera   15
tablado de corazones.[6]

Y va el convite creciendo
en las llamas de los ojos,
y el manto de flecos rojos
se va en el aire meciendo.   20

Súbito, de un salto arranca:
húrtase,[7] se quiebra, gira:
abre en dos la cachemira,
ofrece la bata blanca.

[3] Preludian: *they warm up*
[4] Alza, retando la frente: *she raises her head challengingly*
[5] crúzase = se cruza
[6] Repica. . .corazones: *she makes the stage ring with her heels coquettishly, as if the stage were a stage of hearts.*
[7] húrtase = se hurta

El cuerpo cede y ondea;
la boca abierta provoca;
es una rosa la boca:
lentamente taconea.

5   Recoge, de un débil giro
el manto de flecos rojos:
se va, cerrando los ojos,
se va, como en un suspiro . . .

       Baila muy bien la española,
10   es blanco y rojo el mantón:
¡vuelve, fosca, a su rincón
el alma trémula y sola!

CUESTIONARIO

1. ¿Qué significa "el alma trémula y sola"?
2. ¿Qué palabras de movimiento emplea Martí?
3. ¿Cómo es el ritmo del baile? ¿Cómo empieza, cambia
    y termina?
4. ¿Por qué el poeta compara a la bailarina con la virgen de
    la Asunción? ¿Es irónica la comparación?

PARA DISCUTIR Y ESCRIBIR

1. En un pequeño párrafo, describa a la bailarina.

3

Azorín

AZORÍN

ESPAÑA, 1873-1967

Su verdadero nombre era José Martínez Ruiz, pero él lo cambió por el apellido del héroe de una de sus novelas. Nació en Monovar, Alicante, de familia rica. Estudió leyes en varias universidades del país, pero se dedicó al periodismo y a las letras en Madrid. En sus primeros trabajos, Azorín se muestra como un individuo de ideas radicales y se dice que en Madrid andaba con un paraguas rojo —para ser original porque los paraguas son negros, y porque ése es el color de la revolución y del anarquismo. En 1913 dio el nombre de «Generación de 98» al grupo de jóvenes escritores que, como él, deseaban la renovación en el arte y en la política española. Durante la Guerra Civil (1936-1939) vivió en París y al final del conflicto regresó a Madrid. En 1924 fue elegido miembro de la Real Academia Española de la Lengua. Azorín murió en Madrid a los 94 años como el último sobreviviente de la « Generación de 98. »

La obra literaria de Azorín es extensa y abarca los géneros literarios de novela, cuento, ensayo y teatro. Los temas que aparecen en su obra son siempre los mismos: su Yo (ego), las cosas, es decir, los hombres y el paisaje, y el paso del tiempo. Entre sus novelas se destacan: La voluntad *(1902),* Antonio Azorín *(1903) y* Las confesiones de un pequeño filósofo

(1904). Todas son en esencia, autobiográficas. En Doña Inés (1925), que más que una novela es una narración larga, el autor trata su tema cardinal, el Tiempo. Su colección más famosa de cuentos se titula Blanco en azul (1929) y Cuentos (1956). En los relatos de Azorín es característico encontrar una falta de acción pues según él: "la vida no tiene argumento, es diversa, multiforme, ondulante y contradictoria. Todo menos simétrica, rígidamente geométrica, como aparece en las novelas." Por lo tanto, sus narraciones no tienen una trama en el sentido convencional sino que se resuelven en cuadros en los que ocurre muy poco.

Lo más interesante de Azorín son sus ensayos. Éstos pueden dividirse en dos categorías. En la primera, tenemos los ensayos que tratan de captar el alma y el espíritu de España, y comprenden: Los pueblos (1905), La ruta de don Quijote (1905), Castilla (1912), posiblemente el mejor de todos. Azorín no tiene quien le iguale en estos bocetos de los pueblecitos, de los hombres y del paisaje de España. A la segunda categoría pertenecen los ensayos de crítica literaria como Los valores literarios (1913), Clásicos y modernos (1913), etc. Su técnica de interpretación literaria es a veces muy subjetiva.

La selección que ofrecemos "La España invisible" apareció primero en el periódico La Prensa de Buenos Aires en 1928. En este ensayo Azorín se pregunta qué tipo de España iban a ver los americanos que visitarían la Exposición Iberoamericana de Sevilla durante ese año. El autor afirma que hay múltiples Españas: la del turista que está representada por los grandes hoteles a la europea, museos, catedrales, monumentos, palacios y arte. La España auténtica, que para Azorín es "la España invisible, la España de estos pueblecitos sencillos, pobres, en que nadie repara y que poseen un ambiente profundo, especial" y que pasa siempre desapercibida por la mayoría. Luego resume su visión de España en dos paisajes: el de Castilla (la Mancha) que le recuerda a Cervantes y el escenario lleno de luz y tonos grises de Alicante, su región natal. Por medio de su técnica impresionista, el autor mezcla la visión realista de los paisajes y lugares con la emoción que éstos producen en su espíritu.

La España invisible

Un amigo nuestro, persona amante de[1] la literatura americana, tiene estos días una preocupación relacionada con su amor a América. La exposición iberoamericana de Sevilla[2] se inaugurará en mayo
5 próximo. Y mi amigo piensa en la muchedumbre de americanos, pertenecientes a todas las repúblicas, que ha de venir[3] a visitarnos. Muchos de esos excursionistas no conocerán España; pondrán por primera vez los pies en esta vieja tierra. ¿Qué impresión
10 —piensa mi amigo— les producirá España? Y otra pregunta, que encierra un problema tan propicio a[4] la meditación; de todas las Españas, ¿cuál es la que visitarán estos hermanos nuestros en la historia? La interrogación merece ser aclarada; no todos comprenderán
15 a primera vista que se hable de una multiplicidad de Españas. No existe, en el área nacional, una sola nación; no existe esa exclusividad en ningún país de Europa y de América. En toda nación, en todo pueblo, existen diversas naciones, diversos pueblos;
20 cuanto más viejo, más histórico es un pueblo, tantos más aspectos ofrece a nuestra consideración.[5] España,

---

[1] amante de: *fond of*
[2] Sevilla: *Seville, capital of Andalusia*
[3] ha de venir: *is expected to come*
[4] tan propicio a: *so appropriate to, so favorable to*
[5] cuanto más viejo. . .consideración: *the older and more historical a country is, the more aspects it has to offer for consideration*

la querida patria, es muy viejecita; cuenta por siglos
su edad; ha visto muchas cosas en su luenga vida;
dado el ser a muchos, muchos, muchísimos hijos. Y
todos estos vástagos han ido dejando en su suelo
vestigios de su vivir. Hasta en el nombrarse es varia y   5
rica España. Hesperia, Hispania, Iberia. . . Nombres
bien sonoros, melodiosos, encantadores. Desde más
allá del[6] Atlántico, ¡qué bien sonaría este bello
nombre de Hesperia! Y luego, los lemas de esta
amada madre nuestra, son bonitos también; en latín 10
existen dos o tres. Dos o tres en que se expresa que
España es la primera besada por el sol. Cuando el sol
sale, y la última de quien el sol se despide, cuando el
sol trasmonta. Quiere esto decir que España, en su
situación geográfica, se halla tan alta, tan aupada, que 15
es la primera que recibe los rayos solares y la postrera
en retenerlos, en el crepúsculo vespertino. Sólo hay
otra nación, Suiza, tan alta como España, en Europa.
Pero Suiza, tan decantada, tan visitada, ¿tiene la
belleza de España? ¿Posee toda la variedad de 20
bellezas de España? Y sobre todo —y esto es
indisoluble— ¿hay en Suiza un ambiente espiritual, de
tanta densidad como[7] en España, formado por la
historia, la leyenda, los sacrificios, los heroísmos, las
inspiraciones artísticas, la sentimentalidad religiosa? 25
¿Hay un tan intenso ambiente, formado por los
siglos, que baña y trasfigura hasta las menores cosas?

Y aquí queríamos venir a parar. Sí, en España,
existen varias Españas. ¿Cuál de éstas será la predilec-
ta de los excursionistas americanos? Un bonaerense,[8] 30

---

[6] más allá de[l] : *beyond*
[7] tanta densidad como: *as dense as*
[8] bonaerense: *inhabitant of Buenos Aires, Argentina*

por ejemplo, que venga a visitar la exposición de
Sevilla, ¿en cuál de las varias Españas penetrará? Este
amigo mío a quien he aludido al comienzo de la
presente crónica, llega a viajar imaginativamente —en
5 compañía de un argentino. El argentino hipotético es
persona distinguida. En su gran capital, Buenos Aires,
ha podido ver cuanto se puede ver[9] en una gran
metrópoli europea. En cuanto a restaurantes, teatros,
lugares diversos de esparcimiento, el distinguido
10 bonaerense no desea nada. Ni en Sevilla, ni en Madrid,
ni en Barcelona, ni en San Sebastián,[10] podrá ver ni
gustar nada que supere a lo visto y gustado por él,
diariamente, en Buenos Aires. Este excursionista
imaginario es hombre que gusta también de los
15 paisajes y de los libros. La tierra argentina ofrece
paisajes soberbios. América es la tierra de los paisajes
maravillosos. En punto a[11] libros, nuestro viajero,
curioso de cosas intelectuales, ha echado un vistazo[12]
durante el viaje, en las horas de la travesía, a algunos
20 libros españoles. A lo que ya sabía él, ha añadido
ahora un poquito. Al llegar a España, este argentino,
después de visitar la Exposición de Sevilla, se detiene
un momento meditando. Ante su vista se extienden
—espiritualmente— las varias Españas que él puede
25 visitar. En este punto[13] interviene mi amigo. Desde
Sevilla el bonaerense y el español, emprenden una
excursión para visitar la España invisible. ¿La España
invisible? —preguntará el lector—. Sí, amigos lectores

[9] cuanto se puede ver: *as much as one can see*
[10] San Sebastián: *famous resort and port on the northeast coast*
[11] en punto a: *with regard to*
[12] ha echado un vistazo: *has cast a glance*
[13] en este punto: *at this point*

de La Prensa.[14] La España que de puro visible[15] no se ve. Esta España humilde, prístina, sencilla, no la pueden ver todos. Y ésta, sí, ésta es la España apretada sobre nuestro corazón, ésta es la más querida de todas las Españas. El hombre argentino es hombre de 5 mundo,[16] hombre efusivo: él sabe que por debajo del barniz internacional, cosmopolita, está la materia virgen y prístina. Si él viera la España del barniz internacional, la España, por ejemplo, de los hoteles a la francesa, según el estilo europeo, el tal excursionis- 10 ta consideraría que no había visto nada. Al volver a Buenos Aires llevaría en el fondo de su espíritu, como resumen de España, la visión, un poco borrosa, de cuatro o seis catedrales, y la sensación de los grifos del cuarto de baño que no funcionaban, o la minuta 15 de la comida[17] en el Hotel Palace, que es idéntica a la minuta de Buenos Aires, de París o de Tokio. Y no ha venido para eso a España. Cuando expuso esas ideas a su amigo que le esperaba en Sevilla, sonreía. Los dos han montado en el tren,[18] camino de Castilla, o 20 viajan en automóvil. Al pasar por las grandes ciudades visitan los monumentos dignos de ser vistos. Los primores de la arquitectura siempre serán merece- dores de ser admirados. Pero ya en el camino de Sevilla a Madrid, ¡cuántas cosas dignas de admiración 25 que no están en las guías! Comienza el imperio de la pared desnuda. Una pared que no tiene nada y no es nada. Blanca, nítida, enjalbegada de cal. No es nada y,

[14] "La Prensa": *the name of a famous Buenos Aires newspaper*
[15] que de puro visible: *that is totally visible*
[16] hombre de mundo: *man of the world*
[17] minuta de la comida: *menu*
[18] han montado en el tren: *(they) have gotten on the train*

sin embargo, ¡cuántas emociones suscita! Por el blanco de una casa vulgar, de un huerto, de un convento, del ábside de una iglesia humilde; pared en que se refleja el vivo sol de España y que esplende, en
5 su blancura, bajo el radiante azul del cielo. ¿No hablábamos del ámbito espiritual que la historia de España ha ido formando en España? Ese ambiente trasfigura este muro blanco, que no es nada, que no tiene primores arquitectónicos. La España invisible es
10 la España de estos pueblecitos sencillos, pobres, en que nadie repara y que poseen un ámbito profundo, especial. La España de esta iglesita de paredes desnudas, con sus capillas en que los muros tantos y tantos anhelos han represado. La España de este
15 jardín, casi abandonado, en que los cipreses y los laureles se entrelazan; en el otoño, el agua verdinegra del estanque se cubre de hojas secas; al fondo se divisan los cristales rotos de un caserón. La España de este corredor de un convento; de un convento
20 fundado acaso por Santa Teresa;[19] las paredes son nítidas; las puertas de las celdas se abren a un lado, y enfrente, por las ventanas, se ve un patizuelo con sendas columnas, y en el centro, el brocal de un pozo. La España de esta fondita en la vieja ciudad; se halla
25 nuestro aposento —paredes también lisas— en la pared posterior de la casa, y al levantarnos y abrir la ventana, columbramos allí cerca,[20] casi tocándola con la mano, la maciza, ingente, majestuosa torre de la catedral. La España de esta llanura —la Mancha

---

[19] Santa Teresa: *St. Theresa of Avila, (1515-1582), famous Carmelite nun, mystic, and writer*
[20] allí cerca: *nearby, close by*

quijotesca,[21] en que no se divisa ni un árbol, ni la
más ligera colina; allá en la lejanía brillan, fulgen,
esplenden las paredes blancas y lisas, de una casa de
labor.[22] La España de este paisaje alicantino, con
almendros, vides, algarrobos y paisaje que no puede 5
ser admirado por el turista internacional; paisaje que
no tiene nada, como no tienen nada las paredes
blancas—; paisaje de suaves, tenues, impalpables,
etéreos grises; grises de una suavidad suprema maravillosa; grises que ni Goya,[23] ni un Ticiano[24] tienen 10
en su paleta.

El viajero bonaerense y su amigo el español
recorren esta España invisible. En la montaña alican-
tina, en la serenidad espléndida de la tarde, sentados,
en un alto, al pie de un gran almendro descansan un 15
momento y extienden su vista por el panorama. Ya
han visto las paredes flancas de Castilla[25] —paredes
teresianas[26] —y las paredes blancas de la Mancha
—paredes cervantescas.[27] Y ahora, después de haberse
empapado de la espiritualidad de Castilla —Castilla es 20
San Teresa, San Juan de la Cruz,[28] Jorge Manrique,[29]

[21] La Mancha quijotesca: *district in the province of Castile, famous as
the home of Alonso Quijano, who is better known as Don Quijote*
[22] casa de labor: *farmhouse*
[23] Goya: *Francisco de Goya y Lucientes (1746-1828), celebrated
Spanish painter*
[24] Ticiano: *Titian (1490? -1576), Renaissance Italian painter*
[25] Castilla: *Castile, central region of Spain, divided into Old Castile to
the north and New Castile to the south*
[26] paredes teresianas: *another reference to St. Theresa and to the ascetic
life of the nun*
[27] paredes cervantescas: *reference to Miguel de Cervantes Saavedra
(1547-1616), author of* Don Quijote de la Mancha
[28] San Juan de la Cruz: *St. John of the Cross (1542-1591), Spanish
mystic and poet*
[29] Jorge Manrique: *Spanish poet (1440? -1479), best known for* Coplas
por la muerte de su padre, *an elegy of intense personal feeling*

Juan Ruiz;[30] ahora, después de haberse extasiado en
la Castilla invisible, reposan sobre esta tierra —la de
Alicante[31] alto— que no tiene par,[32] por su penetrante finura, en toda España. Y esta sí que es una
5 lección para todo hombre de gusto;[33] esta sí que es la
piedra de toque[34] de una sensibilidad. ¡Paisaje
maravilloso de suaves grises! ¡Trasparencia del aire
prodigiosa! Los hombres aquí son sutiles y tan
sobrios como en la antigua Grecia. Esta tierra no
10 posee maravillas arquitectónicas y es acaso la más
intensa de España. ¿Para qué va a venir a este pedazo
de tierra española el turista? No tendría nada que
admirar en este panorama. El bonaerense y su amigo
el español sonríen al pensar en esta desnudez de
15 materia admirativa para el turismo internacional; los
dos compañeros de viaje han visto ya lo que nadie ve.
Han visto la España invisible. Y ahora, ante este
paisaje resumen todas sus impresiones, las resumen en
la simplicidad del panorama, en la trasparencia del
20 aire, en los suaves grises de las casitas de labor, tan
finas y frágiles, en el almendro retorcido, sensitivo, a
cuyo pie se hallan sentados. ¡España, España! Toda
tu esencia se halla condensada en la pared blanca y en
la mesita de sencillo y tosco pino. ¡Sensibilidad
25 desbordante de Santa Teresa! ¡desfoque[35] lírico de
San Juan de la Cruz!

---

[30] Juan Ruiz (Arcipreste de Hita): *Spanish poet (1283? -1350), best
known for* Libro de buen amor
[31] Alicante: *one of the three provinces of Valencia*
[32] no tiene par: *has no parallel, is unique*
[33] hombre de gusto: *man of good taste*
[34] piedra de toque: *touchstone*
[35] desfoque: *lack of focus*

CUESTIONARIO

1. ¿Qué clase de visitantes asistirían a la exposición de Sevilla?
2. ¿Cuál era la preocupación del amigo del escritor?
3. ¿Qué otros nombres tiene España?
4. Según Azorín, ¿cómo es el ambiente que se encuentra en España?
5. ¿Qué clase de viaje emprende por España el amigo del escritor? ¿Quién lo acompaña?
6. ¿Qué encuentra en España el viajero bonaerense? ¿Era España diferente a otros países?
7. ¿Hacia dónde emprenden la excursión imaginaria el español y el bonaerense?
8. ¿Qué ven los viajeros en el camino de Sevilla a Madrid?
9. ¿Qué opina el autor de los hombres de Alicante?
10. ¿Qué caracteriza a la región de la Mancha quijotesca?
11. ¿Por qué el turista internacional no puede apreciar el paisaje alicantino?
12. ¿De cuántas Españas habla Azorín?

PARA DISCUTIR Y ESCRIBIR

1. ¿Qué comparación hace el autor entre España y Suiza?
2. ¿Qué dicen de España los lemas en latín?
3. ¿Cuáles son las tradiciones culturales que forman el ambiente de España?
4. ¿Cuál es la esencia de España, según opina Azorín?
5. ¿Qué representa para el autor la Expaña invisible?
6. ¿Qué personajes de las letras españolas se citan en el texto?

7. ¿Qué piensa el autor del turismo internacional?
8. Si Ud. visitara España, ¿a qué región iría primero?

4

Horacio Quiroga

HORACIO QUIROGA

URUGUAY, 1878-1937

Nació en el Salto donde su padre era cónsul de la Argentina. Estudió en la Universidad de Montevideo y en 1900 hizo un rápido viaje a Europa, pero regresó muy desilusionado. En 1902 se trasladó a Buenos Aires donde residió la mayor parte de su vida, aunque por siete años vivió en la región selvática de Misiones, en el norte argentino. Éste era su lugar favorito porque se sentía fascinado por el peligro y la aventura que el ambiente de la selva representaba para él. El tema de la selva aparece con frecuencia en sus relatos. Quiroga se sentía obsesionado por la muerte y otros aspectos trágicos de la vida, posiblemente debido a una combinación de temperamento sensible y circunstancias dolorosas, donde la muerte estuvo casi siempre presente. Hubo suicidios en su familia, su padre murió en forma accidental y él mismo mató por equivocación a su mejor amigo. Quiroga mismo se suicidió al saber que padecía de cáncer.

Se considera a Quiroga como uno de los mejores cuentistas de la lengua española y, a pesar de que también escribió poesía y novelas, su verdadera fama proviene de sus relatos breves y colección de cuentos. Los mejores relatos de Quiroga son los que tratan temas de horror y de sicologías anormales como la locura, la alucinación, la crueldad, el fatalismo, la

40

morbidez, la muerte, la destrucción del hombre, y de animales. Sus mejores colecciones son: Cuentos de amor, de locura y de muerte *(1917);* Cuentos de la selva *(1918);* relatos para niños con influencia de Kipling; El salvaje *(1924);* Anaconda *(1931) cuyos protagonistas son serpientes;* El desierto *(1924);* La gallina degollada y otros cuentos *(1925);* Los desterrados *(1926). En su última colección.* Más allá *(1935) sobresale el relato "El hijo". Quiroga desarrolla sus cuentos con gran maestría. Utiliza una prosa sobria y, por medio de frases cortas y precisas, profundiza en la sicología de sus personajes. A pesar de ser un buen creador de personajes, Quiroga sobresale mejor en crear la atmósfera adecuada para el desarrollo de la acción y en comunicar al lector la intensidad dramática de sus relatos. Quiroga pone especial cuidado en no anticipar el desenlace de sus relatos, logrando así mantener el suspenso y el dramatismo hasta el final. Los cuentos de Quiroga superan su marcado regionalismo al presentar temas y problemas de tipo sicológico que afectan a toda la humanidad.*

La selección que presentamos, "La gallina degollada" pertenece a la colección Cuentos de amor, de locura y de muerte *(1917). El relato muestra la firme inclinación de Quiroga por temas que desencadenan sicologías anormales y la muerte. Es un cuento típico de horror en el que el autor nos relata con la mayor objetividad, todos los hechos y detalles de la trama lo cual produce un efecto escalofriante en el lector más sereno. En este cuento la prosa es escueta y, aunque es rica en expresiones coloquiales e idiomáticas, no deja de ser comunicativa.*

La gallina degollada

Todo el día, sentados en el patio, en un banco, estaban los cuatro hijos idiotas del matrimonio Mazzini-Ferraz. Tenían la lengua entre los labios, los ojos estúpidos, y volvían la cabeza con toda la boca abierta.

El patio era de tierra, cerrado al Oeste por un cerco de ·ladrillos. El banco quedaba paralelo a él, a cinco metros, y allí se mantenían inmóviles, fijos los ojos en los ladrillos. Como el sol se ocultaba tras el cerco al declinar, los idiotas tenían fiesta.[1] La luz enceguecedora llamaba su atención al principio; poco a poco sus ojos se animaban; se reían al fin estrepitosamente, congestionados por la misma hilaridad ansiosa, mirando el sol con alegría bestial, como si fuera comida.

Otras veces, alineados en el banco, zumbaban horas enteras imitando al tranvía eléctrico. Los ruidos fuertes sacudían asimismo su inercia,[2] y corrían entonces alrededor del patio, mordiéndose la lengua y mugiendo. Pero casi siempre estaban apagados en un sombrío letargo de idiotismo, y pasaban todo el día sentados en su banco, con las piernas colgantes y quietas, empapando de glutinosa saliva el pantalón.

[1] tenían fiesta: *were delighted*
[2] sacudían asimismo su inercia: *shook their inertia in the same way*

42

El mayor tanía doce años y el menor, ocho. En todo su aspecto sucio y desvalido se notaba la falta absoluta de un poco de cuidado maternal.

Esos cuatro idiotas, sin embargo, habían sido un
5 día el encanto de sus padres. A los tres meses de casados, Mazzini y Berta orientaron su estrecho amor de marido y mujer y mujer y marido hacia un porvenir mucho más vital: un hijo. ¿Qué mayor dicha para dos enamorados que esa honrada consagración
10 de su cariño, libertado ya del vil egoísmo de un mutuo amor sin fin ninguno y, lo que es peor para el amor mismo, sin esperanzas posibles de renovación?

Así lo sintieron Mazzini y Berta, y cuando el hijo llegó, a los catorce meses de matrimonio, creyeron
15 cumplida su felicidad. La criatura creció bella y radiante hasta que tuvo año y medio. Pero en el vigésimo mes sacudiéronlo[3] una noche convulsiones terribles y a la mañana siguiente no conocía más a sus padres. El médico lo examinó con esa atención
20 profesional que está visiblemente buscando la causa del mal en las enfermedades de los padres.

Después de algunos días los miembros paralizados de la criatura recobraron el movimiento; pero la inteligencia, el alma, aun el instinto, se habian ido del
25 todo.[4] Habia quedado profundamente idiota, baboso, colgante, muerto para siempre sobre las rodillas de su madre.

—¡Hijo, mi hijo querido! —sollozaba ésta sobre aquella espantosa ruina de su primogénito.
30 El padre, desolado, acompañó, al médico afuera.

---

[3] sacudiéronlo = lo sacudieron
[4] se habían ido del todo: *were completely gone*

—A usted se le puede decir: creo que es un caso perdido. Podrá mejorar, educarse en todo lo que le permita su idiotismo, pero no más allá.[5]

—¡Sí! ..., ¡sí! ... —asentía Mazzini—. Pero dígame: ¿Usted cree que es herencia, que...? 5

—En cuanto a la herencia paterna, ya le dije lo que creí cuando vi a su hijo. Respecto a la madre, hay allí un pulmón que no sopla bien. No veo nada más, pero hay un soplo un poco rudo. Hágala examinar detenidamente. 10

Con el alma destrozada de remordimiento, Mazzini redobló el amor a su hijo, el pequeño idiota que pagaba los excesos del abuelo. Tuvo asimismo que consolar, sostener sin tregua a Berta, herida en lo más profundo por aquel fracaso de su joven maternidad. 15

Como es natural, el matrimonio puso todo su amor en la esperanza de otro hijo. Nació éste, y su salud y limpidez de risa reencendieron el porvenir extinguido. Pero a los dieciocho meses las convulsiones del primogénito se repetían, y al día siguiente el segundo 20 hijo amanecía idiota.

Esta vez los padres cayeron en honda desesperación. ¿Luego su sangre, su amor estaban malditos![6] Su amor, sobre todo! Veintiocho años él, veintidós ella, y toda su apasionada ternura no alcanzaba a 25 crear un átomo de vida normal. Ya no pedian más belleza e inteligencia, como en el primogénito; ¡pero un hijo, un hijo como todos!

Del nuevo desastre brotaron nuevas llamaradas de

[5] podrá...allá: *he may get better, be educated as far as his idiocy permits, but that's all*
[6] ¡Luego...malditos! *So their blood and love were damned!*

dolorido amor, un loco anhelo de redimir de una vez
para siempre la santidad de su ternura.[7] Sobre-
vinieron mellizos, y punto por punto repitióse el
proceso de los dos mayores.

5   Mas por encima de su inmensa amargura quedaba a
Mazzini y Berta gran compasión por sus cuatro hijos.
Hubo que arrancar del limbo de la más honda
animalidad no ya sus almas, sino el instinto mismo,
abolido. No sabían deglutir, cambiar de sitio, ni aun
10 sentarse. Aprendieron al fin a caminar, pero chocaban
contra todo, por no darse cuenta de los obstáculos.
Cuando los lavaban mugían hasta inyectarse de sangre
el rostro.[8] Animábanse sólo al comer o cuando veían
colores brillantes u oían truenos. Se reían entonces,
15 echando afuera lengua y ríos de baba, radiantes de
frenesí bestial. Tenían, en cambio, cierta facultad
imitativa; pero no se pudo obtener nada más.

    Con los millizos pareció haber concluído la aterra-
dora descendencia. Pero pasados tres años, Mazzini y
20 Berta desearon de nuevo ardientemente otro hijo,
confiando en que el largo tiempo transcurrido hubiera
aplacado a la fatalidad.

    No satisfacían sus esperanzas. Y en ese ardiente
anhelo que se exasperaba en razón de su infructuosi-
25 dad, se agriaron.[9] Hasta ese momento cada cual había
tomado sobre sí la parte que le correspondía en la
miseria de sus hijos; pero la desesperanza de redención ante las cuatro bestias que habían nacido de ellos

---

[7] de una. . .ternura: *once and for all the holiness of their tenderness*
[8] Cuando. . .rostro: *When they were washed, they bellowed until there was blood on their faces.*
[9] se exasperaba. . .se agriaron: *was frustrated by their infertility, they soured*

echó afuera[10] esa imperiosa necesidad de culpar a los otros, que es patrimonio específico de los corazones inferiores.

Iniciáronse con el cambio de pronombres: *tus* hijos. Y como a más del insulto había la insidia, la atmósfera se cargaba.

—Me parece —díjole una noche Mazzini, que acababa de entrar y se lavaba las manos— que podrías tener más limpios a los muchachos.

Berta continuó leyendo como si no hubiera oído.

—Es la primera vez —repuso al rato— que te veo inquietarte por el estado de tus hijos.

Mazzini volvió un poco la cara a ella con una sonrisa forzada.

—De nuestros hijos, me parece. . .

—Bueno, de nuestros hijos. ¿Te gusta así? —alzó ella los ojos.

Esta vez Mazzini se expresó claramente:

—Creo que no vas a decir que yo tenga la culpa, ¿no?

—¡Ah, no! —se sonrió Berta, muy pálida—; pero yo tampoco, supongo. . . ¡No faltaba más! . . .[11] murmuró.

—¿Qué[12] no faltaba más?

—¡Que si alguien tiene la culpa no soy yo, entiéndelo bien! Eso es lo que te quería decir.

Su marido la miró un momento, con brutal deseo de insultarla.

—¡Dejemos! —articuló al fin, secándose las manos.

[10] echó afuera: *brought forth*
[11] ¡No faltaba más!: *That's the last straw!*
[12] Qué: *what do you mean*

—Como quieras; pero si quieres decir. . .

—¡Berta!

—¡Como quieras!

—Éste fue el primer choque, y le sucedieron otros.
5 Pero en las inevitables reconciliaciones sus almas se
unían con doble arrebato y ansia por otro hijo.

Nació así una niña. Vivieron dos años con la
angustia a flor de alma,[13] esperando siempre otro
desastre.

10 Nada acaeció, sin embargo, y los padres pusieron
en su hija toda su complacencia, que la pequeña
llevaba a los más extremos límites del mimo y la mala
crianza.[14]

Si aun en los últimos tiempos Berta cuidaba
15 siempre de sus hijos, al nacer Bertita olvidóse casi del
todo de los otros. Su solo recuerdo la horrorizaba
como algo atroz que la hubieran obligado a cometer.
A Mazzini, bien que en menor grado, pasábale lo
mismo.[15]

20 No por eso la paz había llegado a sus almas. La
menor indisposición de su hija echaba ahora afuera,
con el terror de perderla, los rencores de su descendencia podrida. Habían acumulado hiel sobrado
tiempo para que el vaso no quedara distendido,[16] y al
25 menor contacto el veneno se vertía afuera. Desde el
primer disgusto emponzoñado habíanse perdido el

---

[13] con la angustia a flor de alma: *in perpetual anguish*
[14] del mimo y mala crianza: *of being pampered and spoiled*
[15] Su solo. . .lo mismo: *Just the thought of them horrified her, as if it
were some awful act that she had been forced to commit. The same
thing, just a little less strongly, happened to Mazzini*
[16] habían. . .distendido: *they had accumulated bitterness for so long
that they couldn't take any more (literally, they had accumulated
bile for so long that the gall bladder couldn't stay stretched out)*

respeto; y si hay algo a que el hombre se siente
arrastrado con cruel fruición es, cuando ya se
comenzó, a humillar del todo a una persona. Antes se
contenían por la mutua falta de éxito; ahora que éste
había llegado, cada cual, atribuyéndolo a sí mismo, 5
sentía mayor la infamia de los cuatro engendros que
el otro habíale forzado a crear.

Con estos sentimientos, no hubo ya para los cuatro
hijos mayores afecto posible. La sirvienta los vestía,
les daba de comer, los acostaba, con visible brutali- 10
dad. No los lavaban casi nunca. Pasaban casi todo el
día sentados frente al cerco, abandonados de toda
remota caricia.

De ese modo Bertita cumplió cuatro años, y esa
noche, resultado de las golosinas que sus padres eran 15
incapaces de negarle, la criatura tuvo algún escalofrío
y fiebre. Y el temor a verla morir o quedar idiota
tornó a reabrir la eterna llaga.

Hacía tres horas que no hablaban, y el motivo fue,
como casi siempre, los fuertes pasos de Mazzini. 20

—¡Mi Dios! ¿No puedes caminar más despacio?
¡Cuántas veces. . .?

—Bueno, es que me olvido; ¡se acabó! No lo hago
a propósito.

Ella se sonrió, desdeñosa: 25

—¡No, no te creo tanto!

—Ni yo jamás te hubiera creído tanto a ti. . .,
¡tisiquilla! [17]

—¡Qué! ¿qué dijiste? . . .

—¡Nada! 30

—¡Sí, te oí algo! Mira: ¡no sé lo que dijiste; pero

---

[17] ¡tisiquilla! : *you little consumptive!*

te juro que prefiero cualquier cosa a tener un padre
como el que has tenido tú!

Mazzini se puso pálido.

—¡Al fin! —murmuró con los dientes apretados—.
5 ¡Al fin, víbora, has dicho lo que querías!

—¡Sí, víbora, sí! ¡Pero yo he tenido padres sanos,
¿oyes? ¡sanos! ¡Mi padre no ha muerto de delirio!
¡Yo hubiera tenido hijos como los de todo el
mundo! ¡Ésos son hijos tuyos, los cuatro tuyos!

10 Mazzini explotó a su vez.

—¡Víbora tísica! ¡Eso es lo que te dije, lo que te
quiero decir! ¡Pregúntale, pregúntale al médico
quién tiene la mayor culpa de la meningitis de tus
hijos; mi padre o tu pulmón picado, víbora!

15 Continuaron cada vez con mayor violencia, hasta
que un gemido de Bertita selló instantáneamente sus
bocas. A la una de la mañana la ligera indigestión
había desaparecido y, como pasa fatalmente con
todos los matrimonios jóvenes que se han amado
20 intensamente una vez siquiera, la reconciliación llegó,
tanto más efusiva cuanto infames fueran los agra-
vios.[18]

Amaneció un espléndido día, y mientras Berta se
levantaba escupió sangre. Las emociones y mala
25 noche pasada tenían, sin duda, gran culpa. Mazzini la
retuvo abrazada largo rato y ella lloró desesperada-
mente, pero sin que ninguno se atreviera a decir una
palabra.

A las diez decidieron salir, después de almorzar.
30 Como apenas tenían tiempo, ordenaron a la sirvienta
que matara una gallina.

---

[18] tanto. . .agravios: *all the more effusive because the offenses had been
so terrible*

El día, radiante, había arrancado a los idiotas de su banco. De modo que mientras la sirvienta degollaba en la cocina al animal, desangrándolo con parsimonia (Berta había aprendido de su madre este buen modo de conservar la frescura de la carne), creyó 5 sentir algo como respiración tras ella. Volvióse, y vio a los cuatro idiotas, con los hombros pegados uno a otro, mirando estupefactos la operación. Rojo. . . rojo. . .

— ¡Señora! Los niños están aquí en la cocina. 10

Berta llegó; no quería que jamás pisaran allí. ¡Y ni aun en estas horas de pleno perdón, olvido y felicidad reconquistada podía evitarse esa horrible visión! Porque, naturalmente, cuanto más intensos eran los raptos de amor a su marido e hija, más irritado era su 15 humor con los monstruos.

— ¡Que salgan, María! ¡Échelos! ¡Échelos, le digo!

Las cuatro bestias, sacudidas, brutalmente empujadas, fueron a dar a su banco. 20

Después de almorzar salieron todos. La sirvienta fue a Buenos Aires y el matrimonio a pasear por las quintas.[19] Al bajar el sol volvieron; pero Berta quiso saludar un momento a sus vecinas de enfrente. Su hija escapóse[20] en seguida a casa. 25

Entretanto los idiotas no se habían movido en todo el día de su banco. El sol había traspuesto ya el cerco, comenzaba a hundirse, y ellos continuaban mirando los ladrillos, más inertes que nunca.

De pronto algo se interpuso entre su mirada y el 30

---

[19] por las quintas: *around the fields*
[20] escapóse = se escapó

cerco. Su hermana, cansada de cinco horas paternales, quería observar por su cuenta.[21] Detenida al pie del cerco, miraba pensativa la cresta. Quería trepar, eso no ofrecía duda. Al fin decidióse[22] por una silla
5 desfondada, pero aun no alcanzaba. Recurrió entonces a un cajón de kerosene, y su instinto topográfico hízole[23] colocar vertical el mueble, con lo cual triunfó.

Los cuatro idiotas, la mirada indiferente, vieron
10 cómo su hermana lograba pacientemente dominar el equilibrio y cómo en puntas de pie apoyaba la garganta sobre la cresta del cerco, entre sus manos tirantes. Viéronla[24] mirar a todos lados y buscar apoyo con el pie para alzarse más.

15 Pero la mirada de los idiotas se había animado; una misma luz insistente estaba fija en sus pupilas. No apartaban los ojos de su hermana, mientras creciente sensación de gula bestial iba cambiando cada línea de sus rostros. Lentamente avanzaron hacia el cerco. La
20 pequeña, que habiendo logrado calzar el pie, iba ya a montar a horcajadas[25] y a caerse del otro lado, seguramente, sintióse[26] cogida de una pierna. Debajo de ella, los ocho ojos clavados en los suyos le dieron miedo.

25 —¡Soltáme! , ¡dejáme! [27] gritó sacudiendo la pierna. Pero fue atraída.

---

[21] por su cuenta: *on her own*
[22] decidióse = se decidió
[23] hízole = le hizo
[24] viéronla = la vieron
[25] habiendo. . .horcajadas: *having gained a foothold, was about to go over the top*
[26] sintióse = se sintió
[27] ¡Soltáme! ¡dejáme! = ¡Suéltame! ¡Déjame!: *baby talk*

—¡Mamá! ¡Ay, mamá! ¡Mamá, papá! —lloró imperiosamente. Trató aún de sujetarse del borde,[28] pero sintióse arrancada y cayó.

—¡Mamá! ¡Ay, ma...! —no pudo gritar más. Uno de ellos le apretó el cuello, apartando los bucles 5 como si fueran plumas, y los otros la arrastraron de una sola pierna hasta la cocina, donde esa mañana se había desangrado la gallina, bien sujeta, arrancándole la vida segundo por segundo.

Mazzini, en la casa de enfrente, creyó oír la voz de 10 su hija.

—Me parece que te llama —le dijo a Berta.

Prestaron oído, inquietos, pero no oyeron más. Con todo, un momento después se despidieron, y mientras Berta iba a dejar su sombrero, Mazzini 15 avanzó en el patio:

—¡Bertita!

Nadie respondió.

—¡Bertita! —alzó más la voz, ya alterada.

Y el silencio fue tan fúnebre para su corazón 20 siempre aterrado, que la espalda se le heló del horrible presentimiento.

—¡Mi hija, mi hija! —corrió desesperado hacia el fondo. Pero al pasar frente a la cocina vio en el piso un mar de sangre. Empujó violentamente la puerta, 25 entornada, y lanzó un grito de horror.

Berta, que ya se había lanzado corriendo a su vez al oír el angustioso llamado del padre, oyó el grito y respondió con otro. Pero al precipitarse en la cocina, Mazzini, lívido como la muerte, se interpuso, con- 30 teniéndola:

---

[28] trató...borde: *she still tried to hang onto the edge*

—¡No entres! ¡No entres!

Berta alcanzó a ver el piso inundado de sangre. Sólo pudo echar sus brazos sobre la cabeza y hundirse a lo largo de él con un ronco suspiro.

CUESTIONARIO

1. ¿Cómo eran los hijos del matrimonio Mazzini-Ferray?
2. ¿Cómo pasaban los días?
3. ¿Cómo se sabía que les faltaba el cuidado maternal?
4. Según Mazzini y Berta ¿qué debe ser el fin del amor?
5. Según el médico, ¿qué causó la enfermedad del niño?
6. ¿Cuál fue la primera reacción de los padres a la tragedia?
7. ¿Cuál fue la reacción la segunda vez?
8. Después de tener dos hijos idiotas, ¿qué esperaban Mazzini y Berta de otro hijo?
9. ¿Qué aprendían a hacer los idiotas?
10. Cuando no tenían otro hijo, ¿qué cambio hubo en la actitud de los padres?
11. Explique Ud. la frase "la atmósfera se cargaba".
12. ¿Cuál fue la actitud de los padres hacia la hija normal?
13. ¿Qué cambio había en su actitud hacia los idiotas?
14. ¿Por qué se culpaban el uno al otro por los hijos idiotas?
15. ¿Por qué se enfermó Bertita?
16. ¿Qué culpa tenía Mazzini, según Berta?
17. ¿Qué culpa tenía Berta, según Mazzini?
18. ¿Por qué dejaron de insultarse?
19. ¿Cómo estaba Berta la mañana siguiente?
20. ¿Cómo reaccionaron los idiotas ante la escena de la gallina degollada?

21. ¿Por qué fueron echados de la cocina por la sirvienta?
22. ¿Cómo pasaron la tarde todos?
23. ¿Por qué quiso Bertita cruzar el cerco?
24. ¿Cuándo empezó Bertita a sentir miedo?
25. ¿Cuándo se despidieron los padres de los vecinos?
26. ¿Cuándo empezó el padre a sentir miedo?
27. ¿Qué nos deja ver el autor de la escena en la cocina?
28. ¿Cómo reaccionaron Berta y Mazzini?

PARA DISCUTIR Y ESCRIBIR

1. Escriba Ud. un párrafo siguiendo el símbolo de la sangre por el cuento.
2. ¿Por qué se titula el cuento "La gallina degollada"?
3. Escriba Ud. un párrafo sobre el concepto de la culpa, en este cuento.
4. Discuta Ud. los varios niveles de brutalidad y crueldad en el cuento.

5

Gregorio
López y Fuentes

GREGORIO LÓPEZ Y FUENTES

MÉXICO 1897-1967

Nació en el estado de Veracruz y como su padre era agricultor, pudo adquirir un buen conocimiento de los problemas de los campesinos mexicanos. Estudió en la Escuela Normal de Maestros de la ciudad de México y, además, luchó por la Revolución en las filas del General Carranza (1914-1916). Más tarde se dedicó a enseñar literatura y a practicar su vocación de escritor y periodista. Llegó a ser director de El Universal, uno de los periódicos más importantes del país.

Como novelista de la Revolución, López y Fuentes se interesó exclusivamente por los aspectos sociales de la lucha: la reforma agraria y la situación del indio y de la clase campesina. Entre las mejores novelas que contienen aspectos de la vida mexicana se pueden seleccionar: ¡Tierra! (1932) que trata sobre la vida y muerte de Emiliano Zapata y de su participación en la lucha por la reforma agraria, y El indio (1935) que es un cuadro colectivo del estado de miseria y explotación de toda una comunidad india que controla el hombre blanco, después de la revolución. Esta novela ganó el Premio Nacional de Literatura (1935) y fue traducida al inglés por Anita Brenner. Otra obra interesante es Acomodaticio (1943), novela de sátira y crítica política. Es la historia de un revolucionario *oportunista —de ahí el título— que olvida todos sus principios e ideales por obtener y mantener sus cargos públicos. López y Fuentes mostró nuevamente interés por el indígena en* Los Peregrinos inmóviles *(1944), novela de estructura compleja y de gran poder alegórico. La historia de la obra es la marcha de un grupo de indios liberados por la Revolución en busca de un lugar apropiado para establecerse. También López y Fuentes es un excelente cuentista y sus cuentos pueden dividirse en tres categorías: los cuentos de tono irónico y humorístico como "Una carta a Dios"; los de relatos infantiles como "Un pacto"; y los cuentos sobre las vidas de la clase rural mexicana. Sus mejores relatos aparecen en la colección* Cuentos campesinos de México *(1940).*

Ningún cuento de López y Fuentes ha logrado la difusión de "Una carta a Dios", que ofrecemos como selección. En una trama sencilla y directa el autor hace un contraste entre la fe ingenua y fervorosa del humilde campesino y el sentido práctico de los empleados del correo, y nos indica cómo la bondad de éstos se ve mal interpretada. A través de su ironía y buen humor, el relato plantea los siguientes problemas: el poder de la fe, la indiferencia de la naturaleza ante el hombre que vive de la tierra, y las diferentes interpretaciones que pueden darse a los hechos humanitarios.

Una carta a Dios

La casa —única en todo el valle —estaba subida en[1] uno de esos cerros truncados que, a manera de pirámides rudimentarias, dejaron algunas tribus al continuar sus peregrinaciones. Desde allá se veían las vegas, el río, los rastrojos y, lindando con el corral, la milpa, ya a punto de jilotear.[2] Entre las matas del maíz, el frijol con su florecilla morada, promesa inequívoca de una buena cosecha.

Lo único que estaba haciendo falta a la tierra era una lluvia, cuando menos un fuerte aguacero, de esos que forman charcos entre los surcos. Dudar de que llovería hubiera sido lo mismo que dejar de creer en la experiencia de quienes, por tradición, enseñaron a sembrar en determinado día del año.

Durante la mañana, Lencho —conocedor del campo, apegado a las viejas costumbres y creyente a puño cerrado[3] —no había hecho más que examinar el cielo por el rumbo del[4] noreste.

—Ahora sí que se viene el agua,[5] vieja.

---

[1] estaba subida en: *was built on*
[2] la milpa. . .jilotear: *the corn field, ready to yield*
[3] creyente a puño cerrado: *a true believer (literally, a clenched-fist believer)*
[4] por el rumbo de: *in the direction of, toward*
[5] ahora sí. . . .agua: *now it's really going to rain*

Y la vieja, que preparaba la comida, le respondió:
—Dios lo quiera.[6]

Los muchachos más grandes limpiaban de hierba[7]
la siembra, mientras que los más pequeños corretea-
5 ban cerca de la casa, hasta que la mujer les gritó a
todos:

—Vengan que les voy a dar en la boca. . .[8]

Fue en el curso de la comida cuando, como lo
había asegurado Lencho, comenzaron a caer gruesas
10 gotas de lluvia. Por el noreste se veían avanzar grandes
montañas de nubes. El aire olía a jarro nuevo.[9]

—Hagan de cuenta,[10] muchachos —exclamaba el
hombre mientras sentía la fruición de mojarse con el
pretexto de recoger algunos enseres olvidados sobre
15 una cerca de piedra—, que no son gotas de agua las
que están cayendo: son monedas nuevas: las gotas
grandes son de a diez[11] y las gotas chicas son de a
cinco. . .

Y dejaba pasear sus ojos satisfechos[12] por la milpa
20 a punto de jilotear, adornada con las hileras frondosas
del frijol, y entonces toda ella cubierta por la
transparente cortina de la lluvia. Pero, de pronto,
comenzó a soplar un fuerte viento y con las gotas de
agua comenzaron a caer granizos tan grandes como
25 bellotas. Esos sí que parecían monedas de plata
nueva. Los muchachos, exponiéndose a la lluvia,

---

[6] Dios lo quiera: *God willing*

[7] limpiaban de hierba: *were weeding out*

[8] les voy. . .boca: *I'm going to feed you*

[9] jarro nuevo: *fresh clay*

[10] hagan de cuenta: *just imagine*

[11] de a diez: *ten-centavo coins*

[12] dejaba. . .satisfechos: *he was very pleased looking over*

correteaban y recogían las perlas heladas de mayor tamaño.

—Esto sí que está muy malo —exclamaba mortificado el hombre—; ojalá que pase pronto. . .

No pasó pronto. Durante una hora, el granizo 5 apedreó la casa, la huerta, el monte, la milpa y todo el valle. El campo estaba tan blanco que parecía una salina. Los árboles, deshojados. El maíz, hecho pedazos. El frijol, sin una flor. Lencho, con el alma llena de tribulaciones. Pasada la tormenta, en medio 10 de los surcos, decía a sus hijos:

—Más hubiera dejado una nube de langosta. . . El granizo no ha dejado nada: ni una sola mata de maíz dará una mazorca, ni una mata de frijol dará una vaina. . . 15

La noche fue de lamentaciones:

—¡Todo nuestro trabajo, perdido!

—¡Y ni a quién acudir!

—Este año pasaremos hambre. . .[13]

Pero muy en el fondo espiritual de cuantos 20 convivían[14] bajo aquella casa solitaria en mitad del valle, había una esperanza: la ayuda de Dios.

—No te mortifiques tanto, aunque el mal es muy grande. ¡Recuerda que nadie se muere de hambre!

—Eso dicen: nadie se muere de hambre. . . 25

Y mientras llegaba el amanecer, Lencho pensó mucho en lo que había visto en la iglesia del pueblo los domingos: un triángulo y dentro del triángulo un ojo, un ojo que parecía muy grande, un ojo que, según le habían explicado, lo mira todo, hasta lo que 30 está en el fondo de las conciencias.

---

[13] pasaremos hambre: *we will starve*
[14] muy. . .convivían: *deep inside those who lived together*

Lencho era hombre rudo y él mismo solía decir que el campo embrutece, pero no lo era tanto que no supiera escribir.[15] Ya con la luz del día y aprovechando la circunstancia de que era domingo, después
5 de haberse afirmado en su idea de que sí hay quien vele por todos,[16] se puso a escribir una carta que él mismo llevaría al pueblo para echarla al correo.

Era nada menos que una carta a Dios.

"Dios —escribió—, si no me ayudas pasaré hambre
10 con todos los míos, durante este año: necesito cien pesos[17] para volver a sembrar y vivir mientras viene la otra cosecha, pues el granizo. . ."

Rotuló el sobre "A Dios", metió el pliego y, aún preocupado, se dirigió al pueblo. Ya en la oficina de
15 correos, le puso un timbre a la carta y echó ésta en el buzón.

Un empleado, que era cartero y todo en la oficina de correos, llegó riendo con toda la boca[18] ante su jefe: le mostraba nada menos que la carta dirigida a
20 Dios. Nunca en su existencia de repartidor había conocido ese domicilio. El jefe de la oficina —gordo y bonachón —también se puso a reír, pero bien pronto se le plegó el entrecejo[19] y, mientras daba golpecitos en su mesa con la carta, comentaba:
25 —¡La fe! ¡Quién tuviera la fe de quien escribió esta carta! ¡Creer como él cree! ¡Esperar con la confianza con que él sabe esperar! ¡Sostener correspondencia con Dios!

[15] no lo. . .era escribir: *it wasn't so bad that he wouldn't know how to write*
[16] hay quien vele por todos: *there is someone who watches over us all*
[17] cien pesos: *equivalent now to eight dollars*
[18] riendo. . .boca: *laughing as hard as he could*
[19] se le plegó el entrecejo: *wrinkled his brow, frowned*

Y, para no defraudar aquel tesoro de fe, descubierto a través de una carta que no podía ser entregada, el jefe postal concibió una idea: contestar la carta. Pero una vez abierta, se vio que contestar necesitaba algo más que buena voluntad, tinta y papel. No por ello se dio por vencido:[20] exigió a su empleado una dádiva, él puso parte de su sueldo y a varias personas les pidió su óbolo "para una obra piadosa".

Fue imposible para él reunir los cien pesos solicitados por Lencho, y se conformó con[21] enviar al campesino cuando menos lo que había reunido: algo más que la mitad. Puso los billetes en un sobre dirigido a Lencho y con ellos un pliego que no tenía más que una palabra, a manera de firma: DIOS.

Al siguiente domingo Lencho llegó a preguntar, más temprano que de costumbre,[22] si había alguna carta para él. Fue el mismo repartidor quien le hizo entrega de[23] la carta, mientras que el jefe, con la alegría de quien ha hecho una buena acción, espiaba a través de un vidrio raspado, desde su despacho.

Lencho no mostró la menor sorpresa al ver los billetes —tanta era su seguridad—, pero hizo un gesto de cólera al contar el dinero... ¡Dios no podía haberse equivocado, ni negar lo que se le había pedido!

Inmediatamente, Lencho se acercó a la ventanilla para pedir papel y tinta. En la mesa destinada al público, se puso a escribir, arrugando mucho la frente

[20] no por ...vencido: *he didn't give up because of that*
[21] se conformó con: *he resigned himself to*
[22] más temprano...costumbre: *earlier than usual*
[23] le hizo entrega de: *delivered*

a causa del esfuerzo que hacía para dar forma legible a sus ideas.[24] Al terminar, fue a pedir un timbre el cual mojó con la lengua y luego aseguró de un puñetazo.

5 En cuanto la carta cayó al buzón, el jefe de correos fue a recogerla. Decía:

"Dios: Del dinero que te pedí, sólo llegaron a mis manos sesenta pesos. Mándame el resto, que me hace mucha falta; pero no me lo mandes por conducto de
10 la oficina de correos,[25] porque los empleados son muy ladrones. —*Lencho*".

CUESTIONARIO

1. ¿Sobre qué estaba construída la casa?
2. ¿Qué clase de siembra había en el valle?
3. ¿Qué le hacía falta a la tierra?
4. ¿Qué clase de hombre era Lencho?
5. ¿Qué sucedió durante la comida?
6. ¿Era muy numerosa la familia de Lencho?
7. ¿Cómo estaba la milpa cuando empezó a llover?
8. ¿Por qué Lencho cambió de parecer y no quería que lloviera más?
9. ¿Cómo afectó el granizo a la siembra?
10. ¿Cómo era la fe de Lencho y su familia?
11. ¿Cómo pasaría el año la familia del Lencho?
12. ¿Qué había visto Lencho en la iglesia los domingos?

[24] dar forma. . .ideas: *to put his ideas on paper*
[25] por conducto. . .correos: *through the mail*

13. ¿Qué efecto producía el campo en el hombre, pensaba Lencho?

14. Según Lencho, ¿quién velaba por todos?

15. ¿Qué le envió Lencho a Dios? ¿Cuánto dinero necesitaba?

16. ¿Cómo creía Lencho que era Dios?

17. ¿Quién encontró la carta de Lencho y cómo reaccionó? ¿Por qué?

18. ¿Cuál fue la actitud del jefe de correos?

19. ¿Qué clase de persona era el jefe de correos?

20. ¿Qué decidió hacer el jefe de correos con la petición de Lencho?

21. ¿Cómo reunió el jefe de correos el dinero que pedía Lencho y cuánto pudo juntar?

22. ¿Cómo le envió el dinero a Lencho?

23. ¿Cuál fue la reacción de Lencho al abrir la carta y contar el dinero?

24. ¿Qué hizo nuevamente Lencho con gran esfuerzo?

25. ¿Qué decía Lencho en su segunda carta a Dios?

PARA DISCUTIR Y ESCRIBIR

1. Según el autor, ¿cómo es la vida que llevan los campesinos en México?

2. ¿Cómo presenta el autor al campesino mexicano?

3. ¿Qué papel desempeña la fe en Dios en la vida de los campesinos?

4. ¿Qué clase de comentario hace el autor sobre el servicio de correos de México? ¿Ocurre lo mismo en el servicio de correos de su país?

5. Describa la imagen que usa el autor para explicar el granizo (*p. 60, línea 12*).

6. Escriba un pequeño párrafo explicando por qué Lencho no era un campesino analfabeto.

7. En el tema de este cuento hay una cierta crítica social. Descríbala.

6

Federico
García Lorca

FEDERICO GARCÍA LORCA

ESPAÑA, 1898-1936

Federico García Lorca es uno de los poetas y dramaturgos más leído de la literatura española moderna y, por el tono inconfundible de su obra, ha logrado prestigio universal. Nació en Granada, Andalucía, de familia de terratenientes y desde temprana edad mostró su afición por el campo, la pintura, la música y la poesía, que más tarde influirían en su obra. Estudió derecho en Madrid y en 1929 viajó a Nueva York para estudiar inglés en Columbia University por un año. Su visión de esta ciudad aparece en su poema "Poeta en Nueva York" (1935). El poeta fue asesinado misteriosamente en Granada al comienzo de la Guerra Civil española.

La obra de García Lorca comprende poesía, teatro y prosa. Su poesía es variadísima tanto en motivos como temas y formas y va de lo infantil a lo lírico, de lo intenso a lo dramático. Sus temas más característicos se relacionan con Andalucía, su región natal, y hace una reinterpretación poética y estilizada de lo que es popular, tradicional y gitano de su tierra. Entre sus obras poéticas más famosas se encuentran: Libro de poemas (1921), Poema del cante jondo (1921-1922), Canciones (1921-1924), Romancero gitano (1924-1927) donde aparece el mundo mítico y misterioso de los gitanos, "Llanto por Ignacio Sánchez Mejía" (1934), una de las elegías más famosas de la lengua española. La poesía de Lorca se distingue por su técnica impresionista o acumulativa y barroca, como también por la variedad de sus imágenes que son dinámicas, estáticas y sensuales.

Muchos críticos consideran que lo más valioso de la obra de Lorca se encuentra en su teatro, pues no sólo contribuyó a actualizar el teatro poético español sino que también a modernizar la escena. Esta innovación sirvió para elevar el drama español a la altura del mejor teatro europeo. Cultivó tanto la comedia como el drama. Entre sus comedias, que tienen gracia, riqueza folklórica, humorismo e ironía, tenemos: La zapatera prodigiosa (1930), Doña Rosita la soltera o el lenguaje de las flores (1935). Sus dramas más famosos y conocidos mundialmente son: Bodas de sangre (1933), Yerma (1934), La casa de Bernarda Alba (1936). Los temas de su obra teatral son: el odio, la maternidad frustrada, el amor (idealizado, apasionado y sensual), la muerte y el destino trágico del hombre que aparecen simbolizados en personajes.

La selección que ofrecemos consiste: en "Las seis cuerdas" que pertenece al Poema del cante jondo. En este poema observamos que el poeta, por medio de imágenes superrealistas, afirma que la guitarra (instrumento fundamental en la canción andaluza) expresa los sueños, hace llorar y canta los "sollozos" (dolor) y el amor ("suspiros") de los autores anónimos de canciones. En el poema "Cazador" del libro Canciones aparece el tema del sentido trágico de la vida, aunque el poeta nunca menciona la palabra muerte.

Éste llora la desaparición de cuatro palomas y en una imagen audaz transfiere las heridas (realmente el cuerpo de las aves) a sus respectivas sombras, palabra que asocia con la muerte. Y en el poema "Baile", que pertenece también al Poema de cante jondo, el poeta lamenta la destrucción de la alegría, el placer y el entusiasmo juvenil por el paso del tiempo y la muerte. Esta idea viene repetida por el estribillo "¡Niñas, corred las cortinas! " porque en el teatro se corre la cortina cuando se termina la función. La imagen de la "serpiente amarilla" representa el sufrimiento de la Carmen, ya que para Lorca el color amarillo simboliza el sufrimiento, el dolor y la amargura.

Las seis cuerdas

La guitarra
hace llorar a los sueños.[1]
El sollozo de las almas
perdidas
5 se escapa por su boca
redonda.[2]
Y como la tarántula
teje una gran estrella
para cazar suspiros,
10 que flotan[3] en su negro
aljibe de madera.

CUESTIONARIO

1. Según el poeta, ¿cómo es la música que produce la guitarra?
2. ¿Con qué compara el poeta la melodía de la guitarra y
   qué efecto produce en el ambiente? ¿Que piensa Ud
   del sentimiento del poeta?

[1] hace llorar a los sueños: *causes dreams to weep; that is, awakens sad memories*
[2] su boca redonda: *refers to the guitar's opening*
[3] que flotan: *streaming in*

PARA DISCUTIR Y ESCRIBIR

1. ¿Qué simboliza el "negro alijibe de madera" (*línea 11*)?
    ¿Cómo se podría decir esta expresión en inglés?
2. Indique cuáles son los sustantivos que el autor usa para
    evocar un ambiente de tristeza.

Cazador

¡Alto pinar! [1]
Cuatro palomas por el aire van.

Cuatro palomas
vuelan y tornan
5   Llevan heridas
sus cuatro sombras. [2]

¡Bajo pinar!
Cuatro palomas en la tierra están.

CUESTIONARIO

1. ¿Por qué el poeta usa los adjetivos "Alto pinar" al comien-
    zo del poema y "Bajo pinar" en la última estrofa?
    ¿Qué impresión produce en el lector?
2. En la segunda estrofa el poeta describe qué hacen las
    palomas (*línea 4*) y luego las llama "cuatro sombras".
    (*línea 6*) ¿Qué trata de comunicarnos el poeta?

[1] alto pinar: *high above the pine tree (but also means stop, and so this
may be a warning*
[2] Llevan. . .sombras: *their four shadows (bodies) are wounded*

PARA DISCUTIR Y ESCRIBIR

1. El poema es de lenguaje breve y preciso. Tradúzcalo al inglés.

Baile

La Carmen[1] está bailando
por las calles de Sevilla.[2]
Tiene blancos los cabellos
y brillantes las pupilas.

5   ¡Niñas,
corred las cortinas! [3]

En su cabeza se enrosca
una serpiente amarilla,
y va soñando en el baile
10   con galanes de otros días.[4]

¡Niñas,
corred las cortinas!

Las calles están desiertas
y en los fondos se adivinan
15   corazones andaluces
buscando viejas espinas.

[1] La Carmen: *name of a gypsy flamenco dancer*
[2] Sevilla: *Seville, a city in southwestern Spain*
[3] corred las cortinas: *close the curtains*
[4] de otros días: *of olden days*

¡Niñas,
corred las cortinas!

CUESTIONARIO

1. ¿A qué hora del día se aparece Carmen "por las calles de Sevilla"?
2. ¿A quién simboliza la bailarina? Cite dos ejemplos de imágenes que aparecen en el texto.
3. ¿Qué utiliza el poeta para crear el ambiente de misterio?

PARA DISCUTIR Y ESCRIBIR

1. ¿Qué quiere decir el poeta con la frase "buscando viejas espinas (*línea 16*)? Escriba la expresión en inglés.
2. Explique la ironía del mandato, " ¡Niñas, corred las cortinas! " ¿Por qué dice el poeta "niñas" y no "niños"?

7

Jorge Luis Borges

JORGE LUIS BORGES

ARGENTINA, 1899-

No solamente se le considera como la figura
literaria más eminente de Hispanoamérica sino también, como uno de los mejores cuentistas de la
literatura española del siglo XX. Borges nació en
Buenos Aires y estudió en su país y en Suiza. De
joven viajó por casi todos los países de Europa lo que
le permitió adquirir una cultura cosmopolita y,
también, el dominio de varias lenguas. En 1919, se
radicó en Madrid donde se puso en contacto con los
primeros "ultraístas", jóvenes escritores que deseaban
renovar el arte. En 1921 regresó a Buenos Aires
donde formó un grupo literario con el fin de iniciar la
renovación de la literatura basándose en las teorías
de las escuelas de vanguardia europea. Fundó y
colaboró en importantes revistas literarias. Sus obras,
que no son muchas, le han ganado los premios
literarios argentinos más importantes como también
el reconocimiento internacional. En 1957 ganó el
Premio Nacional de Literatura y en 1961 compartió
el Premio Fomentor con Samuel Beckett.

Borges ha ganado prestigio internacional como
poeta, ensayista, y cuentista. Pero el mayor renombre
de Borges proviene de sus cuentos. Son cuentos muy
intelectuales y el autor se complace en utilizar el
recurso de engañar al lector por medio de situaciones

y desenlaces sorprendentes. Es un maestro del suspenso. Su técnica consiste en desarrollar la trama en forma lenta y en mezclar elementos de la vida real con dimensiones de irrealidad y fantasía. El tiempo y el espacio son casi siempre síquicos, es decir que sus relatos ocurren en cualquier lugar o época. Borges emplea la alusión como su método principal de narración y, por lo tanto, sus cuentos parecen ser parábolas filosóficas. Su prosa es precisa, casi matemática. Los temas básicos que reaparecen constantemente en sus cuentos son: el universo como un laberinto, la contradicción entre la apariencia y la realidad, la fusión entre la vida y la ficción, el recurrir de las cosas y del tiempo y el desconocer los límites de nuestro ser. Entre sus colecciones de cuentos se destacan: Historia universal de la infamia *(1935),* Ficciones *(1944),* El Aleph *(1949),* La muerte y la brújula *(1951),* El informe de Brodie *(1971). También es Borges un gran ensayista y sus temas reflejan su profunda preocupación por los problemas filosóficos y metafísicos que conciernen al hombre, como el Tiempo, pero también escribe ensayos de crítica literaria. Sus principales obras son:* Inquisiciones *(1925),* Historia de la eternidad *(1936),* Otras inquisiciones *(1952).*

La selección que presentamos "Emma Zunz" pertenece a la colección de cuentos El Aleph *(1949). Siguiendo el razonar geométrico, matemático de muchos de los relatos del autor, la protagonista idea y pone en ejecución una especie de "crimen perfecto", para lograr vengarse del asesino de su padre. El argumento es espléndido y Emma va preparando los* distintos pasos de su acción con el cuidado, frialdad y meditación de un jugador de ajedrez o de un matemático que va colocando las cifras para lograr un resultado dado o del geómetra que dispone las líneas o los ángulos de manera que produzcan la figura que él de antemano se ha trazado. Su plan es tan preciso que Emma puede predecir el resultado. Como se ve al final del cuento, Borges juega aquí con la diferencia tan sutil que separa lo verdadero de lo falso, que frecuentemente depende simplemente de las circunstancias, del tiempo o de las personas.

Emma Zunz

El catorce de enero de 1922, Emma Zunz, al volver
de la fábrica de tejidos Tarbuch y Loewenthal,[1] halló
en el fondo del zaguán una carta, fechada en el Brasil,
por la que supo que su padre había muerto. La
5 engañaron, a primera vista, el sello y el sobre; luego,
la inquietó la letra desconocida. Nueve o diez líneas
borroneadas querían colmar la hoja; Emma leyó que
el señor Maier había ingerido por error una fuerte
dosis de veronal y había fallecido el tres del co-
10 rriente[2] en el hospital de Bagé.[3] Un compañero de
pensión de su padre firmaba la noticia, un tal Fein o
Fain, de Río Grande,[4] que no podía saber que se
dirigía a la hija del muerto.

Emma dejó caer el papel. Su primera impresión fue
15 de malestar en el vientre y en las rodillas; luego de
ciega culpa, de irrealidad, de frío, de temor; luego,
quiso ya estar en el día siguiente. Acto continuo[5]

---

[1] la fábrica de tejidos Tarbuch y Loewenthal: *Argentina has been more
industrialized than many parts of South America, and the European
names throughout the story represent that country's cosmopolitan
make-up*

[2] el tres del corriente: *the third of this month*

[3] Bagé: *city in the south of Brazil, near the Uruguayan border. Many
fictitious and real fugitives have spent time in this area where Brazil,
Paraguay, Uruguay, and Argentina come together.*

[4] Río Grande: *city to the southeast of Bagé*

[5] acto continuo: *immediately afterward*

comprendió que esa voluntad era inútil porque la muerte de su padre era lo único que había sucedido en el mundo, y seguiría sucediendo sin fin. Recogió el papel y se fue a su cuarto. Furtivamente lo guardó en un cajón, como si de algún modo ya conociera los 5 hechos ulteriores. Ya había empezado a vislumbrarlos, tal vez; ya era la que sería.

En la creciente oscuridad, Emma lloró hasta el fin de aquel día el suicidio de Manuel Maier, que en los antiguos días felices fue Emanuel Zunz. Recordó 10 veraneos en una chacra, cerca de Gualeguay,[6] recordó (trató de recordar) a su madre, recordó la casita de Lanús[7] que les remataron, recordó los amarillos losanges de una ventana, recordó el auto de prisión, el oprobio, recordó los anónimos con el suelto sobre «el 15 desfalco del cajero»,[8] recordó (pero eso jamás lo olvidaba) que su padre, la última noche, le había jurado que el ladrón era Loewenthal. Loewenthal, Aarón Loewenthal, antes gerente de la fábrica y ahora uno de los dueños. Emma, desde 1916, guardaba el 20 secreto. A nadie se lo había revelado, ni siquiera a su mejor amiga, Elsa Urstein. Quizá rehuía la profana incredulidad; quizá creía que el secreto era un vínculo entre ella y el ausente. Loewenthal no sabía que ella sabía; Emma Zunz derivaba de ese hecho ínfimo un 25 sentimiento de poder.

No durmió aquella noche, y cuando la primera luz definió el rectángulo de la ventana, ya estaba perfecto

---

[6] Gualeguay: *Argentine town northwest of Buenos Aires*
[7] Lanús: *small town south of Buenos Aires*
[8] los anónimos. . . «el desfalco del cajero »: *anonymous letters with the newspaper's account of "the cashier's embezzlement".*

su plan. Procuró que ese día, que le pareció inter-
minable, fuera como los otros. Había en la fábrica
rumores de huelga; Emma se declaró, como siempre,
contra toda violencia. A las seis, concluído el trabajo,
5 fue con Elsa a un club de mujeres, que tiene gimnasio
y pileta. Se inscribieron; tuvo que repetir y deletrear
su nombre y su apellido, tuvo que festejar las bromas
vulgares que comentan la revisación.[9] Con Elsa y con
la menor de las Kronfuss discutió a qué cinematógra-
10 fo irían el domingo a la tarde. Luego, se habló de
novios y nadie esperó que Emma hablara. En abril
cumpliría diecinueve años, pero los hombres le
inspiraban, aún, un temor casi patológico... De
vuelta, preparó una sopa de tapioca y unas legumbres,
15 comió temprano, se acostó y se obligó a dormir. Así,
laborioso y trivial, pasó el viernes quince, la víspera.

El sábado, la impaciencia la despertó. La impaciencia, no la inquietud, y el singular alivio de estar en
aquel día, por fin. Ya no tenía que tramar y que
20 imaginar; dentro de algunas horas alcanzaría la
simplicidad de los hechos. Leyó en *La Prensa*[10] que
el *Nordstjärnan*, de Malmö,[11] zarparía esa noche del
dique 3; llamó por teléfono a Loewenthal, insinuó que
deseaba comunicar, sin que lo supieran las otras, algo
25 sobre la huelga y prometió pasar por el escritorio, al
oscurecer. Le temblaba la voz; el temblor convenía a
una delatora. Ningún otro hecho memorable ocurrió
esa mañana. Emma trabajó hasta las doce y fijó con
Elsa y con Perla Kronfuss los pormenores del paseo

---

[9] tuvo que...revisación: *she had to respond to the vulgar jokes that
accompanied the physical exam*
[10] "La Prensa": the main newspaper in Buenos Aires
[11] Malmö: *port in the southern part of Sweden*

del domingo. Se acostó después de almorzar y recapituló, cerrados los ojos, el plan que había tramado. Pensó que la etapa final sería menos horrible que la primera y que le depararía, sin duda, el sabor de la victoria y de la justicia. De pronto, ₅ alarmada, se levantó y corrió al cajón de la cómoda. Lo abrió; debajo del retrato de Milton Sills, donde la había dejado la antenoche, estaba la carta de Fain. Nadie podía haberla visto; la empezó a leer y la rompió. ₁₀

Referir con alguna realidad los hechos de esa tarde sería difícil y quizá improcedente. Un atributo de lo infernal es la irrealidad, un atributo que parece mitigar sus terrores y que los agrava tal vez. ¿Cómo hacer verosímil una acción en la que casi no creyó ₁₅ quien la ejecutaba, cómo recuperar ese breve caos que hoy la memoria de Emma Zunz repudia y confunde? Emma vivía por Almagro, en la calle Liniers;[12] nos consta que esa tarde fue al puerto. Acaso en el infame Paseo de Julio[13] se vio multiplicada en espejos, ₂₀ publicada por luces y desnudada por los ojos hambrientos, pero más razonable es conjeturar que al principio erró, inadvertida, por la indiferente recova... Entró en dos o tres bares vio la rutina o los manejos de otras mujeres. Dio al fin con hombres del ₂₅ *Nordstjärnan*. De uno, muy joven, temió que le inspirara alguna ternura y optó por otro, quizá más bajo que ella y grosero, para que la pureza del horror no fuera mitigada. El hombre la condujo a una puerta y después a un turbio zaguán y después a una escalera ₃₀

[12] Almagro...Liniers: *Almagro is a poor section of Buenos Aires; Liniers is an industrial street*
[13] Paseo de Julio: *a lively street with a market, bars, and brothels*

tortuosa y después a un vestíbulo (en el que había
una vidriera con losanges idénticos a los de la casa en
Lanús) y después a un pasillo y después a una puerta
que se cerró. Los hechos graves están fuera del
5 tiempo, ya porque en ellos el pasado inmediato
queda como tronchado del porvenir, ya porque no
parecen consecutivas las partes que los forman.

¿En aquel tiempo fuera del tiempo, en aquel
desorden perplejo de sensaciones inconexas y atroces,
10 pensó Emma Zunz *una sola vez* en el muerto que
motivaba el sacrificio? Yo tengo para mí que pensó
una vez y que en ese momento peligró su desesperado
propósito. Pensó (no pudo no pensar) que su padre le
había hecho a su madre la cosa horrible que a ella
15 ahora le hacían. Lo pensó con débil asombro y se
refugió, en seguida, en el vértigo. El hombre, sueco o
finlandés, no hablaba español; fue una herramienta
para Emma como ésta lo fue para él, pero ella sirvió
para el goce y él para la justicia.

20 Cuando se quedó sola, Emma no abrió en seguida
los ojos. En la mesa de luz estaba el dinero que había
dejado el hombre: Emma se incorporó y lo rompió
como antes había roto la carta. Romper dinero es una
impiedad, como tirar el pan; Emma se arrepintió,
25 apenas lo hizo. Un acto de soberbia y en aquel día. . .
El temor se perdió en la tristeza de su cuerpo, en el
asco. El asco y la tristeza la encadenaban, pero Emma
lentamente se levantó se levantó y procedió a vestirse.
En el cuarto no quedaban colores vivos; el último
30 crepúsculo se agravaba. Emma pudo salir sin que la
advirtieran; en la esquina subió a un Lacroze,[14] que

---

[14]Lacroze: *streetcar going to the suburb of the same name*

iba al oeste. Eligió, conforme a su plan, el asiento más delantero, para que no le vieran la cara. Quizá le confortó verificar, en el insípido trajín de las calles, que lo acaecido no había contaminado las cosas. Viajó por barrios decrecientes y opacos, viéndolos y olvidándolos en el acto, y se apeó en una de las bocacalles de Warnes.[15] Paradójicamente su fatiga venía a ser[16] una fuerza, pues la obligaba a concentrarse en los pormenores de la aventura y le ocultaba el fondo y el fin.

Aarón Loewenthal era, para todos, un hombre serio; para sus pocos íntimos, un avaro. Vivía en los altos de la fábrica, solo. Establecido en el desmantelado arrabal, temía a los ladrones; en el patio de la fábrica había un gran perro y en el cajón de su escritorio, nadie lo ignoraba, un revólver. Había llorado con decoro, el año anterior, la inesperada muerte de su mujer —una Gauss, que le trajo una buena dote—, pero el dinero era su verdadera pasión. Con íntimo bochorno se sabía menos apto para ganarlo que para conservarlo. Era muy religioso; creía tener con el Señor un pacto secreto, que lo eximía de obrar bien, a trueque de oraciones y devociones.[17] Calvo, corpulento, enlutado, de quevedos[18] ahumados y barba rubia, esperaba de pie, junto a la ventana, el informe confidencial de la obrera Zunz.

La vio empujar la verja (que él había entornado a propósito) y cruzar el patio sombrío. La vio hacer un

---

[15] Warnes: *industrial district of Buenos Aires*
[16] venía a ser: *was turning out to be*
[17] que lo. . .devociones: *that exempted him from doing good in exchange for prayers and devotions*
[18] quevedos: *pince-nez; circular lensed glasses*

pequeño rodeo cuando el perro atado ladró. Los labios de Emma se atareaban como los de quien reza en voz baja; cansados, repetían la sentencia que el señor Loewenthal oiría antes de morir.

5   Las cosas no ocurrieron como había previsto Emma Zunz. Desde la madrugada anterior, ella se había soñado muchas veces, dirigiendo el firme revólver, forzando al miserable a confesar la miserable culpa y exponiendo la intrépida estratagema que
10 permitiría a la Justicia de Dios triunfar de la justicia humana. (No por temor, sino por ser un instrumento de la Justicia, ella no quería ser castigada.) Luego, un solo balazo en mitad del pecho rubricaría la suerte de Loewenthal. Pero las cosas no ocurrieron así.

15   Ante Aarón Loewenthal, más que la urgencia de vengar a su padre, Emma sintió la de castigar el ultraje padecido por ello. No podía no matarlo, después de esa minuciosa deshonra. Tampoco tenía tiempo que perder en teatralerías. Sentaba, tímida, pidió excusas
20 a Loewenthal, invocó (a fuer de delatora) las obligaciones de la lealtad, pronunció algunos nombres, dio a entender otros y se cortó como si la venciera el temor. Logró que Loewenthal saliera a buscar una copa de agua. Cuando éste, incrédulo de tales
25 aspavientos, pero indulgente, volvió del comedor, Emma ya había sacado del cajón el pesado revólver. Apretó el gatillo dos veces. El considerable cuerpo se desplomó como si los estampidos y el humo lo hubieran roto, el vaso de agua se rompió, la cara la
30 miró con asombro y cólera, la boca de la cara la injurió en español y en ídisch. La malas palabras no cejaban; Emma tuvo que hacer fuego otra vez. En el patio, el perro encandenado rompió a ladrar, y una

Jorge Luis Borges

efusión de brusca sangre manó de los labios obscenos y manchó la barba y la ropa. Emma inició la acusación que tenía preparada («He vengado a mi padre y no me podrán castigar...»), pero no la acabó, porque el señor Loewenthal ya había muerto. No supo nunca si alcanzó a comprender. ⁵

Los ladridos tirantes le recordaron que no podía, aún, descansar. Desordenó el diván, desabrochó el saco del cadáver, le quitó los quevedos salpicados y los dejó sobre el fichero. Luego tomó el teléfono y repitió lo que tantas veces repetiría, con esas y con ¹⁰ otras palabras: *Ha ocurrido una cosa que es increíble... El señor Loewenthal me hizo venir con el pretexto de la huelga... Abusó de mí, lo maté...*

La historia era increíble, en efecto, pero se impuso a todos, porque sustancialmente era cierta. Verdadero ¹⁵ era el tono de Emma Zunz, verdadero el pudor, verdadero el odio. Verdadero también era el ultraje que había padecido; sólo eran falsas las circunstancias, la hora y uno o dos nombres propios.

CUESTIONARIO

1. ¿Quién era Emma Zunz?
2. ¿Cómo supo de la muerte de su padre?
3. ¿Cómo murió su padre?
4. ¿Por qué había cambiado su nombre de Emanuel Zunz a Manuel Maier?
5. ¿Qué recordaba Emma de su vida con sus padres?

6. ¿Qué secreto guardaba Emma y por qué no se lo había dicho a nadie?
7. ¿Cómo pasó Emma el viernes quince?
8. ¿Qué preparaciones hizo Emma el sábado por la mañana?
9. ¿Por qué rompió ella la carta?
10. ¿Por qué dice Borges que es difícil capturar la realidad del sábado por la tarde?
11. ¿Cómo escogió Emma un marinero extranjero?
12. ¿Por qué nos da Borges una descripción tan detallada de la ruta al cuarto?
13. ¿Cuál era la actitud de Emma en cuanto al sexo?
14. ¿Por qué rompió Emma el dinero?
15. Describa a Aarón Loewenthal.
16. ¿Cómo había imaginado Emma el fin de Loewenthal? ¿Por qué no resultó así?
17. Describa la muerte de Loewenthal.
18. ¿Por qué era tan importante para Emma que no fuera castigada?
19. ¿Cómo trató Emma de disfrazar lo que había pasado?
20. ¿Por qué creían todos la historia de Emma?

PARA DISCUTIR Y ESCRIBIR

1. Según Emma, ¿por qué mató a Loewenthal? ¿Qué otros motivos desconocería ella? Explique.
2. Defienda Ud. el asesinato de Loewenthal empleando el sistema moral de Emma.
3. ¿Será castigada Emma? ¿Cómo y por quién?
4. ¿Es la culpa de Loewenthal verdadera o imaginada?
5. ¿Por qué seguía trabajando Emma en la fábrica de Loewenthal después del desaparecimiento de su padre?

6. ¿Se había planeado los detalles del asesinato desde antes, o solamente después de recibir la carta? Explique.

7. Escriba un resumen corto de la acción del cuento omitiendo toda la filosofía y todas las adivinanzas del autor.

8. ¿Cuáles son algunas observaciones o adivinanzas personales que añade Borges al cuento básico? ¿Por qué las ha escrito en un cuento policíaco?

9. Discuta la actitud de Emma hacia el sexo. ¿Por qué tenía el sexo un papel tan importante en su plan?

10. Borges ha dicho que "el hecho estético no puede prescindir de algún elemento de asombro". Comente empleando "Emma Zunz" de ejemplo.

11. El espejo en el Paseo de Julio, los losanges de la casita familiar y del vestíbulo por el cual pasó Emma con el marinero, y los quevedos ahumados de Loewenthal: ¿qué simbolismo tendrán?

8

Leopolda Zea

LEOPOLDO ZEA

MÉXICO, 1912-

En la literatura española del siglo XX, el ensayo se caracteriza por su tendencia general al análisis subjetivo de una temática constante: la búsqueda de las raíces últimas del ser y el existir de los países de habla española frente a la transformación cultural del mundo moderno.

Este tema puede tratarse dentro de un contexto filosófico, político o sociológico. Leopoldo Zea es uno de los ensayistas hispanoamericanos que mejor representa esta característica. Nació en la ciudad de México y recibió su doctorado en Filosofía y Letras de la Universidad Autónoma Nacional. Desde 1942 ha enseñado filosofía en esa universidad. Es miembro activo de numerosas organizaciones filosóficas de América.

La preparación filosófica y sociológica de Zea se destaca por su amplitud y solidez. De acuerdo con el contenido de su obra, se notan en su pensamiento tres preocupaciones diferentes: (1) descubrir la esencia de lo mexicano que aparece en Apogeo y decadencia del positivismo en México (1944), Conciencia y posibilidad del mexicano (1952), El occidente y la conciencia de México (1953), y La filosofía en México (1953); (2) definir la conciencia de la América latina y deben mencionarse: Del romanticismo al positivismo *(1949)*, *traducida al inglés con el título de* The Latin American Mind *(1963)*, Latinoamérica y el mundo *(1960)*, *traducida como* Latin America and the World *(1969)*, *y su monumental obra en dos volúmenes* El pensamiento latinoamericano *(1965)*, *libro de obligada consulta sobre este tema;* *(3)* *descifrar la posición del hombre, tanto en relación con la filosofía como con la cultura, dentro de una perspectiva más universal, pensamiento que aparece en* La cultura y el hombre de nuestros días *(1959)*, La filosofía como compromiso y otros ensayos *(1952)*. *Evidentemente, la filosofía es el interés primordial de Zea, pero en vez de orientarse hacia el plano especulativo y metafísico, prefiere concentrarse en estudiar la implicación que puede existir entre lo filosófico y lo sociológico de la temática que le preocupa.*

La selección que presentamos, "El indio" es un ensayo breve que aparece en el libro La filosofía como compromiso *(1952)*. *En éste, Zea trata de definir las relaciones del mexicano con su pasado indígena. Afirma que aunque en otros países latino-americanos, como el Perú, se considera al indio como instrumento de explotación o barbarie, el mexicano se siente ligado con orgullo a su pasado indígena. El mexicano se apoya en su origen americano y siente que su historia no comienza con la llegada de los españoles, sino que se remonta a varios siglos de cultura india. Según Zea, esta unión al pasado y a la tierra americana". El autor se muestra optimista sobre la forma positiva en que México ha tratado al indio.*

El indio

... "México debe ser un pueblo de indios".
"¿Cómo ha resuelto México el problema indígena? ",
o más brutalmente, "¿cómo pueden ustedes convivir
con los indios? "; tales son las interrogaciones con las
cuales se puede tropezar el mexicano en su visita a 5
Iberoamérica. La forma como México haya podido
resolver, o trate de resolver, lo que llaman el
problema indígena, llama poderosamente la atención
a países como la Argentina que lo resolvieron con la
casi completa exterminación del indio. O en países 10
como Bolivia, donde ciertas clases privilegiadas de
raza criolla,[1] o que cuando menos presumen de ella,[2]
consideraron una bendición la guerra del Chaco[3]
porque en ella murieron muchos indios. O en el Perú
y el Ecuador, donde igualmente ciertos grupos de los 15
llamados blancos o criollos desprecian a la gran masa
indígena que forma su principal población, y en
donde la palabra "cholo", mestizo de indio y blanco,

[1] raza criolla: *people born in the New World of European or Spanish
descent. Criollo is translated as native but should not be confused
with indígena, aborigin or indian.*
[2] que... .ella: *or who at least boast of it (being criollo)*
[3] la guerra del Chaco: *the Chaco war (1932-1935) between Bolivia
and Paraguay over a section of the Gran Chaco where oil had been
discovered. A large portion of the adult male population of Paraguay
was killed in the war.*

94

puede ser un insulto. En fin, en todos aquellos países donde existen grupos sociales que no ven en el indio otra cosa que un instrumento de explotación o el símbolo de la *barbarie*.

5   Llama mucho la atención la forma como México se siente ligado a su pasado indígena, a diferencia de otros pueblos, inclusive el Perú, que posee un pasado tan valioso como el nuestro. La relación con este pasado se deja ver en los monumentos históricos que
10 hacen referencia a la Conquista. En el Perú podemos encontrar un gran monumento a Pizarro,[4] pero difícilmente uno al último emperador inca. Igualmente en otros países encontramos monumentos a sus conquistadores; en cambio casi se les hace
15 imposible creer que Cortes[5] no tenga un monumento en México y sí lo tenga el "indio" Cuauhtémoc. Otra manera distinta de ver nuestras relaciones con el pasado indígena se hace patente en la forma como el mexicano, común y corriente, se puede referir a
20 episodios de la Conquista y la forma como otros pueblos lo hacen. Nosotros solemos decir con orgullo: "En la noche triste[6] derrotamos a los españoles", o con tristeza, "Después de terrible asedio[7] los mexi-

---

[4] Pizarro: *Francisco Pizarro (1476-1541), the Spaniard who conquered the Incan empire. Atahualpa, the last Incan emperor, was treacherously murdered by the Spaniards.*

[5] Cortés: *Hernán Cortés (1485-1547), the Spaniard who conquered Mexico. Cuauhtémoc, the last Aztec emperor is much revered in Mexico even though the rest of the world associates the end of the Aztec empire with Moctezuma, his predecessor.*

[6] la noche triste: *June 30, 1520. The Spaniards under the command of Cortés were driven out of the Aztec capital and sustained heavy losses.*

[7] asedio: *After a three-month siege the Spaniards defeated the Aztecs on August 13, 1521. Cuauhtémoc was taken prisoner and tortured, but he wasn't killed until 1525.*

canos tuvimos que rendirnos". En cambio aún podemos escuchar en otros países frases como ésta: "Aquí hicimos correr a los indios", "Esta fortaleza que defendían los indios nos costó muchos hombres tomarla". 5

El orgullo que sentimos por nuestro pasado indígena toma también su expresión en Iberoamérica, que se da cuenta de él. Se expresa en la palabra "azteca", nombre que muchas veces se da al mexicano como su sinónimo. Se oye hablar de "la gran 10 capital azteca", del "pensamiento azteca"; en varias ocasiones se me presentó como "El profesor azteca". En Cuba pude ver en[8] un periódico a grandes titulares: "El próximo domingo celebran comicios los aztecas". En lo azteca se pone énfasis, porque para 15 estos pueblos expresa una tradición autóctona, propia de América, la cual ven continuada en nosotros. Llamar a un mexicano "azteca" es una forma de admiración y respeto por lo que consideran es la fuente de ese nacionalismo cuyas raíces están en la 20 propia tierra, y parece caracterizarnos. Lo "azteca" es también expresión de una resistencia heroica. Expresión de esa resistencia que cada iberoamericano alberga en el fondo de su corazón, situado en un mundo en el que se siente impotente, simple satélite, 25 colonial. Una vez más México vuelve a ser objeto de utopía, sublimando así impotencias de las cuales también participamos los mexicanos.

La mejor explicación racional de esa nuestra capacidad de resistencia la encuentran, nuestros 30 admiradores, en ese apoyarnos en la tradición, en la

---

[8] pude ver en: *I ran across*

misma tierra americana. Lo que aparecía como milagroso ante los ojos ingenuos del pueblo aparece ya racionalizado. "Ustedes tienen hueso, son vertebra-dos —me decía la ya citada intelectual argentina—, a
5 diferencia de nosotros que hemos carecido de esa tradición". "Todo lo que ustedes hacen y admiramos, todo aquello de que son ustedes capaces, se ha de deber a esas raíces tan hondas que tienen con la tierra —me decía un joven pensador uruguayo—. Nosotros
10 carecimos de ellas, nuestros antepasados sólo encon-traron pueblos nómadas, a los cuales fue menester rechazar para poder vivir". "Nuestros antepasados indígenas lo fueron los belicosos guaraníes, siempre en lucha con sus vecinos e incapaces de realizar una
15 alta cultura, de aquí que siempre, al igual que la Argentina, tengamos que buscar nuestra tradición en Europa". "Todos los actos de ustedes los mexicanos muestran sus ligas con la tierra americana; por esto están llamados a realizar[9] una auténtica cultura
20 americana".

La crisis sufrida por la cultura occidental, y de la cual somos ahora testigos, ha hecho más patente que nunca, a Iberoamérica, la necesidad de buscar dentro de sí misma los valores que la han de salvar. Así nos
25 encontramos ahora a ésta con los ojos vueltos sobre sí misma,[10] buscando o fabricando tradiciones. La misma Argentina ha ido, con Ricardo Rojas,[11] hacia el Alto Perú en busca de la tradición indígena de que carece. En el Perú, su gran pasado indígena empieza a

---

[9] por esto. . .realizar: *that's why you are called upon to bring about*
[10] ésta con los ojos. . .misma: *Iberoamerica has turned inward*
[11] Ricardo Rojas: *Argentinian poet and writer (1882-1957)*

dejar de ser simple curiosidad arqueológica para convertirse en política, arte y cultura. El indígena preocupa ya al estadista. Se habla de su asimilación, de la justicia a que tiene derecho. Argentina celebra "El día del indio"; se realizan o preparan congresos 5 indígenas. El Aprismo[12] reclama para nuestra América el nombre de Indoamérica. Se hace con el indio política sincera o demagógica, pero lo importante es que ahora ya se le toma en cuenta.[13]

Ahora bien, en muchos de estos casos el modelo 10 para este tipo de política lo ha sido México. Unos lo han reconocido abiertamente; otros indirectamente, al apresurarse a negar tal influencia. Y aquí surge nuevamente la experiencia de México por comparación. La política indigenista que se empieza a realizar 15 en los países de que se habla se diferencia de la nuestra en el hecho de que la primera es una política dirigida, hecha desde arriba, mientras que la nuestra viene de abajo, nuestras circunstancias la han impuesto. El indio ha estado siempre latente en nuestra 20 historia; siempre se ha contado con él en forma positiva. Lo encontramos en todas nuestras luchas libertarias, no sólo como masa, sino también como caudillo. El más alto símbolo de esta realidad de que hablo lo reconoce Iberoamérica en la figura de 25

[12] El Aprismo: *the Peruvian political movement known as the* Alianza Popular Revolucionaria Americana, *or* Partido Aprista, *whose platform included emancipation of the indians. Its influence has been felt throughout Latin America.*
[13] Se hace. . .cuenta: *The Indian question makes for honest or demagogic politics, but the important thing is that now he is taken into account*

nuestro gran patricio Benito Juárez.[14] En México el tener sangre india no ha sido nunca motivo de afrenta. El ser mestizo, el llevar la sangre india junto con la española, nunca ha sido degradante ni menos
5 un insulto. Justo Sierra[15] ha hecho la apología del mestizo considerándolo como el elemento dinámico de nuestra historia, a diferencia del criollo, que se presentaba siempre como un elemento negativo, raíz y fuente de todo conservadurismo. Nuestra revolu-
10 ción, lo comprenden bien en Iberoamérica, no es sino expresión de la más pura realidad mexicana en marcha, reclamando siempre sus derechos. No hay en esta realidad nuestra, filosofías o políticas dirigidas. Esta política se ha impuesto porque representa la más
15 real de nuestras realidades. Nuestra revolución ha encontrado su mayor apoyo en el campo, es decir, en las masas indígenas. De aquí la razón por la cual nuestra política indigenista no sea una política que venga de arriba hacia abajo, sino de abajo hacia arriba.
20 Se trata de una política impuesta por la propia realidad mexicana.

[14] Benito Juárez: *(1806-1872) a Mexican indian who was twice president of Mexico. He is as important to Mexico as Abraham Lincoln is to the United States of America*
[15] Justo Sierra: *(1848–1912) Mexican educator and historian*

CUESTIONARIO

1. ¿Qué preguntas tiene Iberoamérica para el mexicano?
2. ¿Cómo se ha resuelto "el problema indio" en gran parte de Iberoamérica?
3. ¿Qué comparación hace el autor entre México y Perú?
4. ¿Por qué no hay monumentos a Cortés en México?
5. ¿Qué connotaciones tiene hoy la palabra "Azteca"?
6. Explique Ud. la frase "ustedes tienen hueso, son verte-brados."
7. ¿Cómo explicó un uruguayo la falta de raíces indígenas en su país?
8. ¿Por qué buscan hoy los otros países iberoamericanos sus raíces indígenas?
9. ¿Qué diferencia hay entre la política indígena de México y la de otros países?
10. ¿Qué representa Benito Juárez?
11. ¿Qué es la "propia realidad mexicana"?

PARA DISCUTIR Y ESCRIBIR

1. Haga una comparación entre la manera de resolver "el problema indio" en México y en los Estados Unidos de América.
2. Explique Ud. por qué México es tan distinto al resto de Iberoamérica.
3. Zea se refiere a "la crisis sufrida por la cultura occidental". ¿Qué puede ser y por qué ha hecho patente que Iberoamérica busque sus propias raíces?
4. Este ensayo empieza con la frase "México debe ser un pueblo de indios". Escriba un comentario pensando en lo que dice Zea.

9

Camilo José Cela

CAMILO JOSÉ CELA

ESPAÑA, 1916-

Ningún novelista español de la etapa posterior a la Guerra Civil (1936-1939) ha logrado el renombre de Cela, debido a su contribución en iniciar el resurgimiento de la novela española después de este conflicto. Nació en Padrón, La Coruña. A los nueve años se trasladó a Madrid donde hizo sus estudios universitarios que dejó inconclusos para dedicarse al quehacer literario. Hoy reside en Palma de Mallorca y es director de la prestigiosa revista literaria Papeles de San Armadáns, *fundada en 1956. En 1957 fue elegido miembro de la Real Academia Española.*

La obra de Cela comprende novelas, cuentos y relatos de viajes. Su primera novela, La familia de Pascual Duarte *(1942) fue la primera obra importante que se publicó después de la Guerra Civil. Es una novela de tendencia neo-realista que también se conoce como "tremendismo" (shock literature), una variante del neo-realismo italiano y de cierta corriente del existencialismo francés. Describe en forma tremenda la vida de un campesino criminal, Pascual Duarte, quien decide hacer justicia por su propia mano, asesinando a varias personas. Con toda crudeza y realismo Cela da una pintura —aunque deformada— de las aberraciones morales y mentales que produjo la guerra civil en España. Su publicación causó un* verdadero escándalo y fue prohibida por la censura, pero estos hechos sirvieron para darle más publicidad a Cela, sin costarle mucho trabajo como él mismo ha dicho. La mejor novela de Cela hasta el momento es La colmena *(1951)*, que fue publicada primero en México y luego en Buenos Aires por razones de censura. En ella el autor nos presenta el panorama y ambiente social del Madrid de 1942, utilizando la técnica del enfoque múltiple. Es decir, el lector se entera de la realidad madrileña a través de escenas sueltas y acumulativas en las cuales aparecen personajes grotescos y dominados por los instintos más primitivos. Es una visión negativa, pesimista y desoladora de España. El lenguaje de Cela es rico en proverbios, coloquialismos y abarca todos los niveles de la expresión oral.

También se han hecho famosos sus "apuntes carpetovetónicos", relatos breves de costumbrismo caricaturesco, en los que presenta una visión amarga de la vida dura y miserable del campo y de la ciudad. Entre éstos sobresalen El gallego y su cuadrilla *(1955)*, El molino de viento y otras novelas cortas *(1956)* e Historias de España. Los ciegos. Los tontos *(1958)*. Cela ha cultivado con mucho éxito, al punto de que algunos lo consideran lo mejor de su repertorio, los relatos de viaje. Entre ellos tenemos: Judíos, moros y cristianos *(1956)*, Viaje a la Alcarria *(1958)* y Cuaderno del Guadarrama *(1959)*. Su estilo es rico en imágenes y usa con maestría la ironía y el humorismo, que a veces alcanzan tonos crueles y amargos.

La selección que ofrecemos "La romería" pertenece a los relatos de El gallego y su cuadrilla, apuntes carpetovetónicos *(1955). En este relato, el autor pinta la vida mediocre y descolorida de la familia de un pobre empleado de oficina. Todos ponen grandes esperanzas en la romería como una actividad que puede producirles un cambio y a la vez entretenimiento a sus vidas aburridas, pero realmente resulta una verdadera frustración. Al regresar a su casa, más aburrido y cansado que nunca, el "cabeza de familia", que así se llama el protagonista, se distrae pensando en el trabajo que tendrá el lunes en la oficina. La narración consta de tres partes y en ella observamos la tendencia a la caricatura de Cela y a los detalles naturalistas, así como también la presentación de los aspectos más sórdidos y feos de la realidad.*

La romería

La romería[1] era muy tradicional; la gente se hacía
lenguas de[2] lo bien que se pasaba en la romería,
adonde llegaban todos los años visitantes de muchas
leguas a la redonda. Unos venían a caballo y otros en
5 unos autobuses adornados con ramas; pero lo realmente típico era ir en carro de bueyes; a los bueyes
les pintaban los cuernos con albayalde o blanco de
España[3] y les adornaban la testuz con margaritas y
amapolas. . .

10 El cabeza de familia[4] vino todo el tiempo pensando en la romería; en el tren, la gente no hablaba de
otra cosa.

—¿Te acuerdas cuando Paquito, el de la de Telégra-
fos, le saltó el ojo a[5] la doña Pura?

15 —Sí que me acuerdo; aquélla sí que fue sonada.[6]
Un guardia civil decía que tenía que venir el señor
juez a levantar el ojo.

—¿Y te acuerdas de cuando aquel señorito se cayó,

[1] romería: *a gathering celebrated at a shrine on a saint's day with
dancing, food, and entertainment — a very old Spanish custom*
[2] se hacía lenguas de: *raved about*
[3] albayalde o blanco de España: *white paint or whiting*
[4] el cabeza de familia: *the father (literally, the head of the household)*
[5] saltó el ojo a: *wounded the eye of*
[6] aquélla sí que fue sonada: *that was really talked about a lot*

con pantalón blanco y todo, en la sartén del churrero?

—También me acuerdo. ¡Qué voces pegaba el condenado! [7] ¡En seguida se echaba de ver[8] que eso de estar frito debe dar mucha rabia!   5

El cabeza de familia iba todos los sábados al pueblo, a ver a los suyos, y regresaba a la capital el lunes muy de mañana para que le diese tiempo de llegar a buena hora a la oficina. Los suyos, como él decía, eran siete: su señora, cinco niños y la mamá de 10 su señora. Su señora se llamaba doña Encarnación y era gorda y desconsiderada; los niños eran todos largos[9] y delgaditos, y se llamaban: Luis (diez años), Encarnita (ocho años), José María (seis años), Laurentino (cuatro años) y Adelita (dos años). Por los 15 veranos se les pegaba un poco el sol[10] y tomaban un color algo bueno, pero al mes de estar de vuelta en la capital, estaban otra vez pálidos y ojerosos como agonizantes. La mamá de su señora se llamaba doña Adela, y, además de gorda y desconsiderada, era 20 coqueta y exigente. ¡A la vejez, viruelas! [11] La tal doña Adela era un vejestorio repipio[12] que tenía alma de gusano comemuertos.

El cabeza de familia estaba encantado de ver lo bien que había caído su proyecto de ir todos juntos a 25 merendar a la romería. Lo dijo a la hora de la cena y todos se acostaron pronto para estar bien frescos y descansados al día siguiente.

---

[7] ¡Qué voces pegaba el condenado!: *How the poor guy yelled!*
[8] se echaba de ver: *it was obvious*
[9] largos: *tall*
[10] se les pegaba un poco el sol: *they got a little sun*
[11] ¡A la vejez, viruelas!: *There's no fool like an old fool!*
[12] vejestorio repipio: *conceited old dodo*

El cabeza de familia, después de cenar, se sentó en el jardín en mangas de camisa, como hacía todos los sábados por la noche, a fumarse un cigarrillo y pensar en la fiesta. A veces, sin embargo, se distraía y 5 pensaba en otra cosa: en la oficina, por ejemplo, o en el Plan Marshall, o en el Campeonato de Copa.[13]

Y llegó el día siguiente. Doña Adela dispuso que, para no andarse con apuros de última hora, lo mejor era ir a misa de siete en vez de a misa de diez. 10 Levantaron a los niños media hora antes, les dieron el desayuno y los prepararon de domingo;[14] hubo sus prisas y sus carreras, porque media hora es tiempo que pronto pasa, pero al final se llegó a tiempo.

Al cabeza de familia lo despertó su señora.

15 —¡Arriba, Carlitos; vamos a misa!

—Pero, ¿qué hora es?

—Son las siete menos veinte.

El cabeza de familia adoptó un aire suplicante.

—Pero, mujer, Encarna, déjame dormir, que estoy 20 muy cansado; ya iré a misa más tarde.

—Nada. ¡Haberte acostado antes! [15] Lo que tú quieres es ir a misa de doce.

—Pues, sí. ¿Qué ves de malo? [16]

—¡Claro! ¡Para que después te quedes a tomar un 25 vermut[17] con los amigos! ¡Estás tú muy visto!

A la vuelta de misa, a eso de las ocho menos

---

[13] el Plan Marshall o en el Campeonato de Copa: *the Marshall Plan (American economic aid to Europe after World War II) or the soccer championship*

[14] los prepararon de domingo: *they dressed them in their Sunday clothes*

[15] ¡Haberte acostado antes!: *You should have gone to bed earlier!*

[16] ¿Qué ves de malo? *What's wrong with that?*

[17] vermut: *in Spain the men spend much time in bars drinking sweet vermouth or wine and talking*

cuarto, el cabeza de familia y los cinco niños se encontraron con que no sabían lo que hacer. Los niños se sentaron en la escalerita del jardín, pero doña Encarna les dijo que iban a coger frío, así, sin hacer nada. Al padre se le ocurrió que diesen todos juntos, con él a la cabeza, un paseíto por unos desmontes que había detrás de la casa, pero la madre dijo que eso no se le hubiera ocurrido ni al que asó la manteca,[18] y que los niños lo que necesitaban era estar descansados para por la tarde. El cabeza de familia, en vista de su poco éxito, subió hasta la alcoba, a ver si podía echarse un rato, un poco a traición, pero se encontró con que a la cama ya le habían quitado las ropas. Los niños anduvieron vagando como almas en pena[19] hasta eso de las diez, en que los niños del jardín de al lado se levantaron y el día empezó a tomar, poco más o menos, el aire de todos los días.

A las diez también, o quizá un poco más tarde, el cabeza de familia compró el periódico de la tarde anterior y una revista taurina, con lo que, administrándola bien, tuvo lectura casi hasta el mediodía. Los niños, que no se hacían cargo de las cosas,[20] se portaron muy mal y se pusieron perdidos de[21] tierra; de todos ellos, la única que se portó un poco bien fue Encarnita —que llevaba un trajecito azulina y un gran lazo malva en el pelo—, pero la pobre tuvo mala suerte, porque le picó una avispa en un carrillo, y

---

[18] ni al que asó la manteca: *even to the dumbest person alive (literally, not even to the guy who roasted butter)*

[19] vagando como almas en pena: *wandering around like souls in purgatory (i.e., with nothing to do)*

[20] no se hacían cargo de las cosas: *weren't very responsible*

[21] se pusieron perdidos de: *got covered with*

doña Adela, su abuelita, que la oyó gritar, salió hecha un basilisco,[22] la llamó mañosa y antojadiza y le dio media docena de tortas, dos de ellas bastante fuertes. Después, cuando doña Adela se dio cuenta de que a la nieta lo que le pasaba era que le había picado una avispa, le empezó a hacer arrumacos y a compadecerla, y se pasó el resto de la mañana apretándole una perra gorda[23] contra la picadura.

—Esto es lo mejor. Ya verás cómo esta moneda pronto te alivia.

La niña decía que sí, no muy convencida, porque sabía que a la abuelita lo mejor era no contradecirla y decirle a todo amén.[24]

Mientras tanto, la madre, doña Encarna, daba órdenes a las criadas como un general en plena batalla. El cabeza de familia leía, por aquellos momentos, la reseña de una faena[25] de Paquito Muñoz. Según el revistero, el chico había estado muy bien. . .

Y el tiempo, que es lento, pero seguro, fue pasando, hasta que llegó la hora de comer. La comida tardó algo más que de costumbre, porque con eso de haber madrugado tanto, ya se sabe: la gente se confía y, al final, los unos por los otros, la casa sin barrer.[26]

A eso de las tres o tres y cuarto, el cabeza de familia y los suyos se sentaron a la mesa. Tomaron de

---

[22] salió hecha un basilisco: *ran out in a rage*
[23] perra gorda: *a coin worth ten cents*
[24] decirle a todo amén: *to agree with everything she said*
[25] faena: *a matador's work in the ring*
[26] con eso. . .sin barrer: *since they had gotten up so early, you know how it is: everyone expected someone else to do it, and, in the end, no one did anything*

primer plato fabada asturiana;[27] al cabeza de familia, en verano, le gustaban mucho las ensaladas y los gazpachos[28] y, en general, los platos en crudo. Después tomaron filetes y de postre, un plátano. A la niña de la avispa le dieron, además, un caramelo de menta; el angelito tenía un carrillo como un volcán. Su padre, para consolarla, le explicó que peor había quedado la avispa, insecto que se caracteriza, entre otras cosas, porque, para herir, sacrifica su vida. La niña decía "¿Sí? ", pero no tenía un gran aire de estar oyendo eso que se llama una verdad como una casa,[29] ni denotaba, tampoco, un interés excesivo, digámoslo así.

Después de comer, los niños recibieron la orden de ir a dormir la siesta, porque como los días eran tan largos, lo mejor sería salir hacia eso de las seis. A Encarnita la dejaron que no se echase, porque para eso[30] le había picado una avispa.

Doña Adela y doña Encarnación se metieron en la cocina a dar los últimos toques a la cesta con la tortilla de patatas,[31] los filetes empanados y la botella de Vichy catalán[33] para la vieja, que andaba nada más que regular de las vías digestivas;[33] los niños se acostaron, por eso de que a la fuerza ahorcan,[34] y el cabeza de familia y la Encarnita se

[27] fabada asturiana: *a thick soup with beans and bacon*
[28] gazpachos: *cold vegetable soups*
[29] verdad como una casa: *a self-evident truth*
[30] para eso: *(colloq.) after all*
[31] tortilla de patatas: *potato omelette (that Spanish families eat cold on picnics)*
[32] botella de Vichy catalán: *mineral water (used to treat digestive problems)*
[33] que andaba. . .digestivas: *whose digestion was none too good*
[34] por eso de. . .ahorcan: *because they didn't have any choice*

fueron a dar un paseíto para hacer la digestión y contemplar un poco la naturaleza, que es tan varia.

El reloj marcaba las cuatro. Cuando el minutero diese dos vueltas completas, a las seis, la familia se pondría en marcha, carretera adelante, camino de la romería.

Todos los años había una romería. . .

* * *

Contra lo que en un principio[35] se había pensado, doña Encarnación y doña Adela levantaron a los niños de la siesta a las cuatro y media. Acabada de preparar la cesta con las vituallas de la merienda, nada justificaba ya esperar una hora larga sin hacer nada, mano sobre mano como unos tontos.

Además el día era bueno y hermoso, incluso demasiado bueno y hermoso, y convenía aprovechar un poco el sol y el aire.

Dicho y hecho; no más dadas las cinco,[36] la familia se puso en marcha camino de la romería. Delante iban el cabeza de familia y los dos hijos mayores: Luis, que estaba ya hecho un pollo,[37] y Encarnita, la niña a quien le había picado la avispa: les seguían doña Adela con José María y Laurentino, uno de cada mano, y cerraba la comitiva doña Encarnación, con Adelita en brazos. Entre la cabeza y la cola de la comitiva, al principio no había más que unos pasos; pero a medida que fueron andando, la distancia fue haciéndose mayor, y, al final, estaban separados casi por un kilómetro; ésta es una de las cosas que más

---

[35] Contra lo que en un principio: *Contrary to what at first*
[36] dicho y hecho;. . .cinco: *no sooner said than done; as soon as it struck five*
[37] ya hecho un pollo: *had become a young man*

preocupan a los sargentos cuando tienen que llevar tropa por el monte: que los soldados se les van sembrando[38] por el camino.

La cesta de la merienda, que pesaba bastante, la llevaba Luis en la sillita de ruedas de su hermana pequeña. A las criadas, la Nico y la Estrella[39] les habían dado suelta, porque, en realidad, no hacían más que molestar, todo el día por el medio,[40] metiéndose donde no las llamaban.

Durante el trayecto pasaron las cosas de siempre, poco más o menos: un niño tuvo sed y le dieron un capón[41] porque no había agua por ningún lado; otro niño quiso hacer una cosa[42] y le dijeron a gritos que eso se pedía antes de salir de casa; otro niño se cansaba y le preguntaron, con un tono de desprecio profundo, que de qué le servía respirar el aire de la sierra. Novedades gordas, ésa es la verdad, no hubo ninguna digna de mención.[43]

Por el camino, al principio, no había nadie —algún pastorcito, quizá, sentado sobre una piedra y con las ovejas muy lejos—, pero al irse acercando a la romería fueron apareciendo mendigos aparatosos, romeros muy repeinados que llegaban por otros atajos, algún buhonero tuerto o barbudo con la bandeja de baratijas colgada del cuello, guardias civiles de servicio, parejas de enamorados que estaban esperando a

---

[38] se les van sembrando: *get spread out*
[39] la Nico y la Estrella: *it is common in the lower classes or in popular speech to add* la *in front of a girl's name, or* el *in a boy's name*
[40] por el medio: *right in the middle of things*
[41] le dieron un capón: *they hit him*
[42] hacer una cosa: *euphemism for going to the bathroom*
[43] Novedades gordas. . .mención: *Frankly, nothing out of the ordinary, worthy of mention happened*

que se pusiese el sol, chicos de la colonia[44] ya
mayorcitos —de catorce a quince años— que decían
que estaban cazando ardillas, y soldados, muchos
soldados, que formaban grupos y cantaban asturiana-
5 das, jotas y el mariachi con un acento muy en su
punto.[45]

A la vista ya de la romería —así como a unos
quinientos metros de la romería—, el cabeza de
familia y Luis y Encarnita, que estaba ya mejor de la
10 picadura, se sentaron a esperar al resto de la familia.
El pinar ya había empezado y, bajo la copa de los
pinos, el calor era aún más sofocante que a pleno sol.
El cabeza de familia, nada más [46] salir de casa, había
echado la americana en la silla de Adelita y se había
15 remangado la camisa[47] y ahora los brazos los tenía
todos colorados y le escocían bastante; Luis le
explicaba que eso le sucedía por falta de costumbre, y
que don Saturnino, el padre de un amigo suyo, lo
pasó muy mal hasta que mudó la piel. Encarnita decía
20 que sí, que claro; sentada en una piedra un poco alta,
con su trajecito azulina y su gran lazo, la niña estaba
muy mona, ésa es la verdad; parecía uno de esos
angelitos que van en las procesiones.

Cuando llegaron la abuela y los dos nietos y, al
25 cabo de un rato, la madre con la niña pequeña en
brazos, se sentaron también a reponer fuerzas, y
dijeron que el paisaje era muy hermoso y que era una
bendición de Dios poder tomarse un descanso todos
los años para coger fuerzas para el invierno.

---

[44] colonia: *quarter, part of town*
[45] muy en su punto: *authentic*
[46] nada más: *as soon as*
[47] se había remangado la camisa: *had rolled up his shirt sleeves*

—Es muy tonificador —decía doña Adela echando un trago de la botella de Vichy catalán—, lo que se dice muy tonificador.

Los demás tenían bastante sed, pero se la tuvieron que aguantar porque la botella de la vieja era tabú ⁵ —igual que una vaca sagrada— y fuente no había ninguna en dos leguas a la redonda. En realidad, habían sido poco precavidos, porque cada cual podía haberse traído su botella; pero, claro está, a lo hecho, pecho;[48] aquello ya no tenía remedio y, además, a 10 burro muerto, cebada al rabo.[49]

La familia, sentada a la sombra del pinar, con la boca seca, los pies algo cansados y toda la ropa llena de polvo, hacía verdaderos esfuerzos por sentirse feliz. La abuela, que era la que había bebido, era la 15 única que hablaba:

—¡Ay, en mis tiempos! ¡Aquéllas sí que eran romerías!

El cabeza de familia, su señora y los niños, ni la escuchaban; el tema era ya muy conocido, y además 20 la vieja no admitía interrupciones. Una vez en que, a eso de " ¡Ay, en mis tiempos! ", el yerno le contestó, en un rapto de valor: "¿Se refiere usted a cuando[50] don Amadeo? ", se armó un cisco tremendo[51] que más vale no recordar. Desde entonces el cabeza de 25 familia, cuando contaba el incidente a su primo y compañero de oficina Jaime Collado, que era así

---

[48] a lo hecho, pecho: *you can't undo what's done*
[49] a burro. . .rabo: *it's too late now (literally, you might as well feed barley to the tail of a dead burro)*
[50] a cuando: *in the times of*
[51] se armó un cisco tremendo: *a huge argument started*

como su confidente y su paño de lágrimas, decía siempre "el pronunciamiento".[52]

Al cabo de un rato de estar todos descansando y casi en silencio, el niño mayor se levantó de golpe y
5 dijo:

—¡Ay!

Él hubiera querido decir:

—¡Mirad por dónde viene un vendedor de gaseosas!

10 Pero lo cierto fue que sólo se le escapó un quejido. La piedra donde se había sentado estaba llena de resina y el chiquillo, al levantarse, se había cogido un pellizco.[53] Los demás, menos doña Adela, se fueron también levantando; todos estaban perdidos de re-
15 sina.[54]

Doña Encarnación se encaró son su marido:

—¡Pues sí que has elegido un buen sitio! Esto me pasa a mí[55] por dejaros ir delante, ¡nada más que por eso!

20 El cabeza de familia procuraba templar gaitas:[56]

—Bueno, mujer, no te pongas así; ya mandaremos la ropa al tinte.[57]

—¡Qué tinte ni qué niño muerto! ¡Esto no hay tinte que lo arregle![58]

25 Doña Adela, sentada todavía, decía que su hija

---

[52] pronunciamiento: *uprising; it usually means a military coup*
[53] se había cogido un pellizco: *he was pinched*
[54] todos estaban perdidos de resina: *they were all covered with pitch*
[55] Esto me pasa a mí: *This is what I get*
[56] procuraba templar gaitas: *tried to calm things down (literally, to tune bagpipes)*
[57] ya mandaremos la ropa al tinte: *we'll send the clothes out to be dyed*
[58] ¡Qué tinte. . .arregle!: *What do you mean dye? (literally neither dye nor a dead child!) There's no dye that will fix this!*

tenía razón, que eso no lo arreglaba ningún tinte y que el sitio no podía estar peor elegido.

—Debajo de un pino —decía—, ¿qué va a haber? [59] ¡Pues resina!

Mientras tanto, el vendedor de gaseosas se había acercado a la familia.

—¡Hay gaseosas, tengo gaseosas! Señora —le dijo a doña Adela—, ahí se va a poner usted buena de resina.[60]

El cabeza de familia, para recuperar el favor perdido, le preguntó al hombre:

—¿Están frescas?

—¡Psché! Más bien del tiempo.[61]

—Bueno, deme cuatro.

*　*　*

Las gaseosas estaban calientes como caldo y sabían a pasta de los dientes. Menos mal que la romería ya estaba, como quien dice, al alcance de la mano.[62]

*　*　*

La familia llegó a la romería con la boca dulce; entre la gaseosa y el polvo se suele formar en el paladar un sabor muy dulce, un sabor que casi se puede masticar como la mantequilla.

La romería estaba llena de soldados; llevaban un mes haciendo prácticas[63] por aquellos terrenos, y los jefes, el día de la romería, les habían dado suelta.

—Hoy, después de teórica —había dicho cada sargento—, tienen ustedes permiso hasta la puesta del

[59] ¿qué va a haber?: *what do you expect to find?*
[60] ahí. . .resina: *you'll get pitch all over yourself there*
[61] Más bien del tiempo: *at room temperature (not ice — cold)*
[62] al alcance de la mano: *at hand*
[63] llevaban. . .prácticas: *they had been practicing for a month*

sol. Se prohibe la embriaguez y el armar bronca[64] con los paisanos. La vigilancia tiene órdenes muy severas sobre el mantenimiento de la compostura. Orden del coronel. Rompan filas, ¡arm. . .!

5   Los soldados, efectivamente, eran muchos; pero por lo que se veía, se portaban bastante bien. Unos bailaban con las criadas, otros daban conversación a alguna familia con buena merienda y otros cantaban, aunque fuera con acento andaluz, una canción que
10 era así:

> Adiós, Pamplona,[65]
> Pamplona de mi querer,
> mi querer.
> Adiós, Pamplona,
15 cuándo te volveré a ver.

Eran viejas canciones de la guerra, que ellos no hicieran porque cuando lo de la guerra[66] tenían once o doce años, que se habían ido transmitiendo, de quinta en quinta,[67] como los apellidos de padres a
20 hijos. La segunda parta decía:

> No me marcho por las chicas,
> que las chicas guapas son,
> guapas son.
> Me marcho porque me llaman
25 a defender la Nación.

Los soldados no estaban borrachos, y a lo más que

---

[64] el armar bronca: *fighting*
[65] Adiós, Pamplona: *a Navarrian song about how much they will miss Pamplona, the major city of that region.*
[66] que. . .guerra: *that they hadn't made up because when the war occurred; (the Spanish Civil War 1936–1939)*
[67] de quinta en quinta: *from one draftee to another*

llegaban, algunos que otros, era a dar algún traspiés, como si lo estuvieran.[68]

La familia se sentó a pocos metros de la carretera, detrás de unos puestos de churros y rodeada de otras familias que cantaban a gritos y se reían a carcajadas. 5 Los niños jugaban todos juntos revolcándose sobre la tierra, y de vez en cuando alguno se levantaba llorando, con un rasponazo en la rodilla o una pequeña descalabradura en la cabeza.

Los niños de doña Encarnación miraban a los otros 10 niños con envidia. Verdaderamente, los niños del montón,[69] los niños a quienes sus familias les dejaban revolcarse por el suelo, eran unos niños felices, triscadores como cabras, libres como los pájaros del cielo, que hacían lo que les daba la gana[70] y a nadie 15 le parecía mal.

Luisito, después de mucho pensarlo, se acercó a su madre, zalamero como un perro cuando menea la cola:[71]

—Mamá, ¿me dejas jugar con esos niños?   20

La madre miró para el grupo y frunció el ceño:

—¿Con esos bárbaros? ¡Ni hablar! [72] Son todos una partida de cafres.

Después, doña Encarnación infló el papo[73] y continuó: 25

—Y además, no sé cómo te atreves ni a abrir la boca después de cómo te has puesto el pantalón de resina.

---

[68] a lo más. . .estuvieran: *the farthest they went, some more than others, was to stumble around as if they were*
[69] del montón: *from the hills*
[70] hacían. . .gana: *did whatever they wanted to*
[71] zalamero. . .cola: *making up to her like a dog wagging its tail*
[72] ¡Ni hablar!: *It's out of the question!*
[73] infló el papo: *puffed up*

¡Vergüenza debiera darte!

El niño, entre la alegría de los demás, se azaró de estar triste[74] y se puso colorado hasta las orejas. En aquellos momentos sentía hacia su madre un odio
5 infinito.

La madre volvió a la carga:[75]

—Ya te compró tu padre una gaseosa. ¡Eres insaciable!

El niño empezó a llorar por dentro con una
10 amargura infinita. Los ojos le escocían como si los tuviese quemados, la boca se le quedó seca y nada faltó para que[76] empezase a llorar, también por fuera, lleno de rabia y de desconsuelo.

Algunas familias precavidas habían ido a la romería
15 con la mesa de comedor y seis sillas a cuestas. Sudaron mucho para traer todos los bártulos y no perder a los niños por el camino, pero ahora tenían su compensación y estaban cómodamente sentados en torno a la mesa, merendando o jugando a la brisca[77]
20 como en su propia casa.

Luisito se distrajo mirando para una de aquellas familias y, al final, todo se le fue pasando. El chico tenía buen fondo y no era vengativo ni rencoroso.

Un cojo, que enseñaba a la caridad de las gentes un
25 muñón bastante asqueroso,[78] pedía limosna a gritos al lado de un tenderete de rosquillas;[79] de vez en vez

---

[74] se azaró de estar triste: *got upset from being sad*
[75] volvió a la carga: *went on in the same way*
[76] nada faltó para que: *he was at the point of*
[77] a la brisca: *bezique, a card game resembling pinochle*
[78] que enseñaba...asqueroso: *who showed a rather disgusting stump to the people to get their sympathy*
[79] rosquillas: *doughnuts that are very popular at fairs*

caía alguna perra[80] y entonces el cojo se la tiraba a la rosquillera.

—¡Eh! —le gritaba—. ¡De las blancas! [81]

Y la rosquillera, que era una tía gorda, picada de viruelas,[82] con los ojos pitañosos y las carnes 5 blandengues y mal sujetas[83] le echaba por los aires una rosquilla blanca como la nieve vieja, sabrosa como el buen pan del hambre[84] y dura como el pedernal. Los dos tenían bastante buen tino.

Un ciego salmodiaba preces a Santa Lucía[85] en un 10 rincón del toldo del tiro al blanco,[86] y una gitana joven, bella y descalza, con un niño de días al pecho y otro, barrigoncete, colgado de la violenta saya de lunares,[87] ofrecía la buenaventura por los corros.

Un niño de seis o siete años cantaba flamenco 15 acompañándose con sus propias palmas,[88] y un vendedor de pitos atronaba la romería tocando el "no me mates con tomate, mátame con bacalao".

—Oiga, señor, ¿también se puede tocar una copita de ojén? [89]   20

Doña Encarnación se volvió hacia el hijo hecha un basilisco:

[80] caía alguna perra: *someone gave him a coin*
[81] ¡De las blancas!: *I want a white one!*
[82] una tía gorda, picada de viruelas: *a fat sort, pockmarked (with smallpox scars)*
[83] las carnes. . .sujetas: *soft, baggy skin*
[84] sabrosa. . .hambre: *as tasty as bread when you're really hungry*
[85] salmodiaba. . .Lucía: *chanted the praises of Saint Lucy (the saint of the blind)*
[86] toldo del tiro al blanco: *a shooting gallery set up with an awning*
[87] violenta saya de lunares: *gypsy skirt with polka dots; violent because the ruffles move as she does (lunar also alludes to beauty spots on gypsy faces)*
[88] palmas: *clapping (considered an instrument in flamenco music)*
[89] una copita de ojén: *a drink of anisette (a licorice-flavored liqueur)*

—¡Cállate, bobo! ¡Que pareces tonto! Naturalmente que se puede tocar; ese señor puede tocar todo lo que le dé la real gana.[90]

El hombre de los pitos sonrió, hizo una reverencia
5 y siguió paseando, parsimoniosamente, para arriba y para abajo, tocando ahora lo de la copita de ojén para tomar con café.

El cabeza de familia y su suegra, doña Adela, decidieron que un día era un día y que lo mejor sería
10 comprar unos churros a las criaturas.

—¿Cómo se les va a pedir que tengan sentido a estas criaturitas? —decía doña Adela en un rapto de ternura y de comprensión.

—Claro, claro. . .
15 Luisito se puso contento por lo de los churros, aunque cada vez entendía menos todo lo que pasaba. Los demás niños también se pusieron muy alegres.

Unos soldados pasaron cantando:

Y si no se le quitan bailando
20   los dolores[91] a la taberna,
y si no se le quitan bailando,
dejáila,[92] dejáila que se muera.

Unos borrachos andaban a patadas con una bota vacía, y un corro de flacos veraneantes de ambos
25 sexos cantaban a coro la siguiente canción:

Si soy como soy y no como tú quieres
qué culpa tengo yo de ser así.

Daba pena ver con qué seriedad se aplicaban a su gilipollez.

---

[90] todo lo. . .gana: *anything that he wants to*
[91] y si. . .dolores: *any if the pain isn't chased away by dancing*
[92] dejáila = déjala: *just let her*

Cuando la familia se puso en marcha, en el camino de vuelta al pueblo, el astro rey[93] se complacía en teñir de color de sangre unas nubecitas alargadas que había allá lejos en el horizonte.

* * *

La familia, en el fondo más hondo de su conciencia,[94] se daba cuenta de que en la romería no lo habían pasado demasiado bien. Por la carretera abajo, con la romería ya a la espalda, la familia iba desinflada y triste como un viejo acordeón mojado. Se había levantado un gris fresquito,[95] un airecillo serrano que se colaba por la piel, y la familia que formaba ahora una piña compacta, caminaba en silencio con los pies cansados, la memoria vacía, el pelo y las ropas llenos de polvo, la ilusión defraudada, la garganta seca y las carnes llenas de un frío inexplicable.

A los pocos centenares de pasos se cerró la noche sobre el camino: una noche oscura, sin luna, una noche solitaria y medrosa como una mujer loca y vestida de luto que vagase por los montes. Un buho silbaba, pesadamente, desde el bosquecillo de pinos y los murciélagos volaban, como atontados, a dos palmos de las cabezas de los caminantes. Alguna bicicleta o algún caballo adelantaban, de trecho en trecho, a la familia, y al sordo y difuso rumor de la romería había sucedido un silencio tendido, tan sólo roto, a veces, por unas voces lejanas de bronca o de jolgorio.[96]

---

[93] astro rey: *sun*
[94] en el fondo. . .conciencia: *way down deep in their conscience*
[95] un gris fresquito: *a cool wind*
[96] de bronca o de jolgorio: *of arguing or of gaiety*

Luisito, el niño mayor, se armó de valentía y habló:

—Mamá.

—¿Qué?

5 —Me canso.

—¡Aguántate! ¡También nos cansamos los demás y nos aguantamos! ¡Pues estaría bueno!

El niño que iba de la mano del padre, se calló como se calló su padre. Los niños, en esa edad en que toda 10 la fuerza se les va en crecer,[97] son susceptibles y románticos; quieren, confusamente, un mundo bueno, y no entienden nada de todo lo que pasa a su alrededor.

El padre le apretó la mano.

15 —Oye, Encarna, que me parece que este niño quiere hacer sus cosas.

El niño sintió en aquellos momentos un inmenso cariño hacia su padre.

—Que se espere a que lleguemos a casa; éste no es 20 sitio. No le pasará nada por aguantarse un poco; ya verás cómo no revienta. ¡No sé quién me habrá metido a mí a venir a esta romería, a cansarnos y a ponernos perdidos!

El silencio volvió de nuevo a envolver al grupo. 25 Luisito, aprovechándose de la oscuridad, dejó que dos gruesos y amargos lagrimones le rodasen por las mejillas. Iba triste, muy triste y se tenía por[98] uno de los niños más desgraciados del mundo y por el más infeliz y desdichado, sin duda alguna, de toda la 30 colonia.

---

[97] toda...crecer: *all of their energy is used up in growing*
[98] se tenía por: *he considered himself*

Sus hermanos, arrastrando cansinamente los pies por la polvorienta carretera, notaban una vaga e imprecisa sensación de bienestar, mezcla de crueldad y de compasión, de alegría y de dolor.

La familia, aunque iba despacio, adelantó a una 5 pareja de enamorados que iba aún más despacio todavía.

Doña Adela se puso a rezongar en voz baja diciendo que aquello no era más que frescura, desvergüenza y falta de principios. Para la señora era 10 recusable todo lo que no fuera el nirvana o la murmuración, sus dos ocupaciones favoritas.

Un perro aullaba, desde muy lejos, prolongadamente, mientras los grillos cantaban, sin demasiado entusiasmo, entre los sembrados. 15

A fuerza de andar y andar, la familia, al tomar una curva que se llamaba el Recodo del Cura, se encontró cerca ya de las primeras luces del pueblo. Un suspiro de alivio sonó, muy bajo, dentro de cada espíritu. Todos, hasta el cabeza de familia, que al día siguiente, 20 muy temprano, tendría que coger el tren camino de la capital y de la oficina, notaron una alegría inconfesable al encontrarse ya tan cerca de casa; después de todo, la excursión podía darse por bien empleada sólo por sentir ahora que ya no faltaban sino minutos para 25 terminarla. El cabeza de familia se acordó de un chiste que sabía y se sonrió. El chiste lo había leído en el periódico, en una sección titulada, con mucho ingenio, "El humor de los demás": un señor estaba de pie en una habitación pegándose martillazos en la 30 cabeza y otro señor que estaba sentado le preguntaba: "Pero, hombre, Peters, ¿por qué se pega usted esos martillazos?", y Peters, con un gesto beatífico, le respondía: "¡Ah, si viese usted lo a gusto que quedo cuando paro!"

En la casa, cuando la familia llegó, estaban ya las dos criadas, la Nico y la Estrella, preparando la cena y
5 trajinando de un lado para otro.

—¡Hola, señorita! ¿Lo han pasado bien?

Doña Encarnación hizo un esfuerzo.

—Sí, hija; muy bien. Los niños la han gozado mucho. ¡A ver, niños! —cambió—, ¡quitaos los
10 pantalones, que así vais a ponerlo todo perdido de resina!

La Estrella, que era la niñera —una chica peripuesta y pizpireta,[99] con los labios y las uñas pintados y todo el aire de una señorita de conjunto sin contrato[1]
15 que quiso veranear y reponerse un poco—, se encargó de que los niños obedecieran.

Los niños, en pijama y bata, cenaron y se acostaron. Como estaban rendidos se durmieron en seguida. A la niña de la avispa, a la Encarnita, ya se le
20 había pasado el dolor; ya casi ni tenía hinchada la picadura.

El cabeza de familia, su mujer y su suegra cenaron a renglón seguido de acostarse los niños. Al principio de la cena hubo cierto embarazoso silencio; nadie se
25 atrevía a ser quien primero hablase; la excursión a la romería estaba demasiado fija en la memoria de los tres. El cabeza de familia para distraerse, pensaba en la oficina; tenía entre manos un expediente para instalación de nueva industria, muy entretenido; era
30 un caso bonito, incluso de cierta dificultad, en torno

[99] peripuesta y pizpireta: *dressed up and lively*
[1] todo...contrato: *gave the complete appearance of being a young lady without responsibilities*

al que giraban intereses muy considerables. Su señora servía platos y fruncía el ceño para que todos se diesen cuenta de su mal humor. La suegra suspiraba profundamente entre sorbo y sorbo de Vichy.

—¿Quieres más? [5]

—No, muchas gracias; estoy muy satisfecho.

—¡Qué fino te has vuelto! [2]

—No, mujer; como siempre. . .

Tras otro silencio prolongado, la suegra echó su cuarto a espadas: [3] [10]

—Yo no quiero meterme en nada, allá vosotros; [4] pero yo siempre os dije que me parecía una barbaridad grandísima meter a los niños semejante caminata en el cuerpo. [5]

La hija levantó la cabeza y la miró; no pensaba en [15] nada. El yerno bajó la cabeza y miró para el plato, para la rueda de pescadilla frita; empezó a pensar, procurando fijar bien la atención en aquel interesante expediente de instalación de nueva industria.

Sobre las tres cabezas se mecía un vago presenti- [20] miento de tormenta. . .

---

[2] ¡Qué fino te has vuelto! : *How delicate you've become*
[3] echó su cuarto a espadas: *butted into the conversation*
[4] allá vosotros: *it's your affair*
[5] meter. . .cuerpo: *put the children through such a physically exhausting walk*

CUESTIONARIO

1. En los primeros párrafos, ¿qué nos dijo el autor sobre la romería?

2. ¿Por qué llamaban al hombre "cabeza de familia" en vez de su nombre de pila, Carlos?

3. ¿De quiénes constaba la familia y cómo eran ellos?

4. ¿Quiénes mandaban en esta casa y cómo trataban a los demás?

5. ¿Cómo aguantaba el cabeza de familia su existencia tan sumisa?

6. Encarnita fue la única que se portó más o menos bien. ¿Cómo premiaron su dulzura?

7. ¿Por qué tomaba doña Adela agua de Vichy catalán?

8. ¿Qué pasó camino de la romería?

9. ¿Por qué es irónica la frase "era una bendición de Dios poder tomarse un descanso todos los años para coger fuerzas para el invierno" ? (p. 113, línea 27)

10. Describa "el pronunciamiento".

11. ¿Qué lío se armó cuando la familia descubrió la resina?

12. ¿Qué hacían los soldados en la romería?

13. ¿Por qué cantaban los soldados viejas canciones de la guerra?

14. ¿Cómo reaccionó Luisito cuando su mamá le dijo que no pudiera jugar con los otros niños?

15. Describa lo que pasó en la romería.

16. ¿Cuál fue la reacción de doña Encarnación cuando su hijo pidió una canción al vendedor de pitos?

17. ¿Por qué decidieron el cabeza de familia y su suegra comprar unos churros a los niños?

18. ¿Qué significan las "nubecitas alargadas y teñidas de color de sangre"? (p. 122, línea 3)

19. ¿Cómo emplea el autor la naturaleza para expresar el
humor de la familia camino de casa?
20. Describa la actitud de la familia camino de casa.
21. ¿Qué lazo se fundió entre padre e hijo durante el regreso?
22. Generalmente, ¿en qué sentido se emplea la palabra
cansinamente? (p. 124, línea 1) ¿Por qué ha escogido
el autor esta palabra aquí?
23. ¿Por qué dijo doña Encarnación que lo habían pasado
bien?
24. ¿Cómo se portaron los tres adultos en la cena?
25. Al fin, ¿por qué no contestaron la hija y el yerno la acusación de doña Adela?

PARA DISCUTIR Y ESCRIBIR

1. ¿Representan doña Encarnación y doña Adela una sola
personalidad o dos personalidades distintas? Busque
ejemplos en el cuento que demuestren su punto de
vista.
2. Hay muchos personajes picarescos que aparecen una vez
y luego desaparecen dejando un ambiente especial.
Describa a unos de éstos y la actitud del autor frente
a ellos.
3. De los personajes principales, ¿por quién siente Ud. más
compasión? ¿Por quién siente Ud. más disgusto?
¿Por qué?
4. Ese día iba a ser un descanso y un placer para toda la
familia. ¿Por qué no resultó bien? ¿Cree Ud. que en
otro día de fiesta lo pasen mejor, o que esta familia
no puede gozar?

5. ¿Por qué hay tantos dichos y modismos en este cuento? Haga una lista de algunos explicando su sentido en el cuento.

6. "El mundo que crea el autor en este cuento es bastante feo y violento." Defienda o rechace, buscando ejemplos en el texto.

7. Discuta la posibilidad de dignidad humana en el universo moral de Cela.

8. Si Ud. tuviera que describir una romería a base de este cuento, ¿qué diría?

10

Juan Rulfo

JUAN RULFO

MÉXICO, 1918-

Entre los buenos cultivadores de las nuevas técnicas novelísticas de la literatura hispanoamericana sobresale el mexicano Juan Rulfo. Nació cerca de Sayula, un pueblo pequeño, pobre y árido en el estado de Jalisco. Quedó huérfano y fue enviado a un orfelinato por varios años. En 1934 se marchó a la ciudad de México y después de ocupar distintos empleos públicos y escribir guiones para el cine, ingresó en 1962 en el Instituto Indigenista donde aún trabaja.

La obra de Rulfo es muy reducida y se limita a una novela publicada y a una colección de cuentos, los que han bastado para darle una posición prominente entre los autores hispanoamericanos del siglo XX. En 1953 publica su colección de quince cuentos, El llano en llamas, que tratan sobre el drama y la desesperación de la vida campesina. Con notable agudeza sicológica e interés por el subconsciente, el autor nos presenta personajes complejos y angustiados que viven en atmósferas sombrías y extrañas, de las cuales se presiente una realidad tangible y a la vez de pesadilla. Los ambientes son muy áridos, pobres y predominan los temas del sufrimiento, el dolor, el hambre y la muerte. Los diálogos son directos y realistas y, por lo general, la trama de estos relatos es *esquemática. El autor se dedica más a desarrollar los personajes y a emplear imágenes y simbolismos que a menudo combinan elementos reales y maravillosos. Por ejemplo, en "El hombre" las flores se marchitan en el mismo momento en que asesinan a una familia. Otras veces emplea la presencia de almas en pena, murmullos y el aullido del viento.* Su única novela, Pedro Páramo *(1955) es considerada como una de las más sobresalientes y complejas de la nueva narrativa hispanoamericana. El autor nos relata la vida de Juan Preciado, hijo de Pedro Páramo, empleando el tiempo síquico en vez del cronológico. El lector va descubriendo poco a poco que todos los personajes están muertos en un pueblo fantasma, Comala. La figura de Páramo representa la mitificación del machismo en su forma más primitiva. Lo esencial de la novela es el juego literario entre la fantasía y la realidad que le da al lector una dimensión de pesadilla absurda. El tema central parece ser el odio, el rencor que conduce a la muerte.*

La selección que ofrecemos "No oyes ladrar los perros" pertenece a la colección El llano en llamas. *El autor plantea el tema de la "mala sangre", o sea del hijo que se aparta del buen camino, y también del amor-odio en las relaciones familiares. Un padre lleva a su hijo en hombros para que sus heridas puedan ser curadas en el pueblo de Tonaya. Luego se descubre que el hijo es un bandido y que el padre no puede aceptar su conducta. Por eso, éste solamente lo ayuda en recuerdo de su buena madre muerta. Cuando el padre censura al hijo, éste cambia el tratamiento de "tú" por el de "usted", que es típico en el lenguaje de* los pueblos hispanos cuando se regaña, condena o censura a un hijo, o ser querido. En el relato hay un contrapunto entre la pena física que sufre el hijo y el dolor moral del padre. La presencia de los elementos mágicos están representadas por: el esperado ladrido de los perros, la luna, las sombras, los paredones y las piedras. El final es impresionista, porque el lector tiene que decidir si el hijo simplemente se desmayó, o realmente se murió. El diálogo da la impresión de seres que están en agonía, por la tensión que comunica al lector.

No oyes ladrar los perros

—Tú que vas allá arriba, Ignacio, díme si no oyes alguna señal de algo o si ves alguna luz en alguna parte.

—No se ve nada.

5 —Ya debemos estar cerca.

—Sí, pero no se oye nada.

—Mira bien.

—No se ve nada.

—Pobre de ti, Ignacio.

10 La sombra larga y negra de los hombres siguió moviéndose de arriba abajo, trepándose a las piedras, disminuyendo y creciendo según avanzaba por la orilla del arroyo. Era una sola sombra, tambaleante.

La luna venía saliendo de la tierra,[1] como una 15 llamarada redonda.

—Ya debemos estar llegando a ese pueblo, Ignacio. Tú que llevas las orejas de fuera,[2] fíjate a ver si no oyes ladrar los perros. Acuérdate que nos dijeron que Tonaya[3] estaba detrasito[4] del monte. Y desde qué 20 horas que hemos dejado el monte. Acuérdate, Ignacio.

---

[1] venía saliendo de la tierra: *was rising on the horizon*
[2] orejas de fuera: *unmuffled ears (the father's ears are blocked by his son's legs)*
[3] Tonaya: *imaginary town in Mexico*
[4] detrasito: *just behind*

—Sí, pero no veo rastro de nada.

—Me estoy cansando.

—Bájame.

El viejo se fue reculando[5] hasta encontrarse con el paredón y se recargó allí, sin soltar la carga de sus hombros. Aunque se le doblaban las piernas, no quería sentarse, porque después no hubiera podido levantar el cuerpo de su hijo, al que allá atrás, horas antes, le habían ayudado a echárselo a la espalda. Y así lo había traído desde entonces.

—¿Cómo te sientes?

—Mal.

Hablaba poco. Cada vez menos. En ratos[6] parecía dormir. En ratos parecía tener frío. Temblaba. Sabía cuándo le agarraba a su hijo el temblor por las sacudidas que le daba, y porque los pies se le encajaban en los ijares como espuelas. Luego las manos del hijo, que traía trabadas en su pescuezo, le zarandeaban la cabeza como si fuera una sonaja.[7]

Él apretaba los dientes para no morderse la lengua y cuando acababa aquello le preguntaba:

—¿Te duele mucho?

—Algo —contestaba él.

Primero le había dicho: "Apéame aquí... Déjame aquí... Vete tú solo. Yo te alcanzaré[8] mañana o en cuanto me reponga un poco." Se lo había dicho como cincuenta veces. Ahora ni siquiera eso decía.

Allí estaba la luna. Enfrente de ellos. Una luna grande y colorada que les llenaba de luz los ojos y que

---

[5] se fue reculando: *gradually walked backwards*
[6] en ratos: *at times*
[7] le zarandeaban...sonaja: *shook his head as if it were a child's rattle*
[8] yo te alcanzaré: *I'll catch up to you*

estiraba y oscurecía más su sombra sobre la tierra.

—No veo ya por dónde voy —decía él.

Pero nadie le contestaba.

El otro iba allá arriba, todo iluminado por la luna,
5 con su cara descolorida, sin sangre, reflejando una luz
opaca. Y él acá abajo.

—¿Me oíste, Ignacio? Te digo que no veo bien.

Y el otro se quedaba callado.

Siguió caminando, a tropezones.⁹ Encogía el cuer-
10 po y luego se enderezaba para volver a tropezar de
nuevo.

—Éste no es ningún camino. Nos dijeron que detrás
del cerro estaba Tonaya. Ya hemos pasado el cerro. Y
Tonaya no se ve, ni se oye ningún ruido que nos diga
15 que está cerca. ¿Por qué no quieres decirme qué ves,
tú que vas allá arriba, Ignacio?

—Bájame, padre.

—¿Te sientes mal?

—Sí.

20 —Te llevaré a Tonaya a como dé lugar.¹⁰ Allí
encontraré quien te cuide. Dicen que allí hay un
doctor. Yo te llevaré con él. Te he traído cargando
desde hace horas y no te dejaré tirado aquí para que
acaben contigo quienes sean.¹¹

25 Se tambaleó un poco. Dio dos o tres pasos de lado
y volvió a enderezarse.

—Te llevaré a Tonaya.

—Bájame.

Su voz se hizo quedita, apenas murmurada:

---

⁹ a tropezones: *stumbling*
¹⁰ a como dé lugar: *at any cost, at any rate*
¹¹ quienes sean: *whoever they might be*

—Quiero acostarme un rato.

—Duérmete allí arriba.[12]   Al cabo te llevo bien agarrado.

La luna iba subiendo, casi azul, sobre un cielo claro. La cara del viejo, mojada en sudor, se llenó de 5 luz. Escondió los ojos para no mirar de frente, ya que no podía agachar la cabeza agarrotada entre las manos de su hijo.

—Todo esto que hago, no lo hago por usted. Lo hago por su difunta madre. Porque usted fue su hijo. 10 Por eso lo hago. Ella me reconvendría si yo lo hubiera dejado tirado allí, donde lo encontré, y no lo hubiera recogido para llevarlo a que lo curen, como estoy haciéndolo. Es ella la que me da ánimos, no usted. Comenzando porque a usted no le debo más que 15 puras dificultades, puras mortificaciones, puras vergüenzas.

Sudaba al hablar. Pero el viento de la noche le secaba el sudor. Y sobre el sudor seco, volvía a sudar.

—Me derrengaré, pero llegaré con usted a Tonaya, 20 para que le alivien esas heridas que le han hecho. Y estoy seguro de que, en cuanto se sienta usted bien, volverá a sus malos pasos.[13] Eso ya no me importa. Con tal que se vaya lejos, donde yo no vuelva a saber de usted. Con tal de eso. . .[14] Porque para mí usted 25 ya no es mi hijo. He maldecido la sangre que usted tiene de mí. La parte que a mí me tocaba la he maldecido. He dicho: "¡Que se le pudra en los riñones la sangre que yo le di! " Lo dije desde que

[12] allí arriba: *on my back*
[13] malos pasos: *bad ways, misbehavior*
[14] con tal de eso: *if it were so; on that condition*

supe que usted andaba trajinando por los caminos, viviendo del robo y matando gente... Y gente buena. Y si no,[15] allí está mi compadre Tranquilino. El que lo bautizó a usted. El que le dio su nombre. A
5 él también le tocó la mala suerte de encontrarse con usted. Desde entonces dije: "Ése no puede ser mi hijo."

—Mira a ver si ya ves algo. O si oyes algo. Tú que puedes hacerlo desde allá arriba, porque yo me siento
10 sordo.

—No veo nada.

—Peor para ti, Ignacio.

—Tengo sed.

—¡Aguántate! Ya debemos estar cerca. Lo que
15 pasa es que ya es muy noche[16] y han de haber apagado la luz en el pueblo. Pero al menos debías de oir si ladran los perros. Haz por oir.[17]

—Dame agua.

—Aquí no hay agua. No hay más que piedras.
20 Aguántate. Y aunque la hubiera, no te bajaría tomar agua. Nadie me ayudaría a subirte otra vez y yo solo no puedo.

—Tengo mucha sed y mucho sueño.

—Me acuerdo cuando naciste. Así eras entonces.
25 Despertabas con hambre y comías para volver a dormirte. Y tu madre te daba agua, porque ya te habías acabado la leche de ella. No tenías llenadero.[18] Y eras muy rabioso. Nunca pensé que con el

---

[15] si no: *if you don't believe me*
[16] muy noche: *very dark*
[17] haz por oir: *try to hear*
[18] no tenías llenadero: *you couldn't be filled up*

tiempo se te fuera a subir aquella rabia a la cabeza...[19] Pero así fue. Tu madre, que descanse en paz,[20] quería que te criaras fuerte. Creía que cuando tú crecieras irías a ser su sostén. No te tuvo más que a ti. El otro hijo que iba a tener la mató. Y tú la hubieras matado otra vez si ella estuviera viva a estas alturas.[21]

Sintió que el hombre aquel que llevaba sobre sus hombros dejó de apretar las rodillas y comenzó a soltar los pies, balanceándolos de un lado para otro. Y le pareció que la cabeza, allá arriba, se sacudía como si sollozara.

Sobre su cabello sintió que caían gruesas gotas, como de lágrimas.

—¿Lloras, Ignacio? Lo hace llorar a usted el recuerdo de su madre, ¿verdad? Pero nunca hizo usted nada por ella. Nos pagó siempre mal. Parece que, en lugar de cariño, le hubiéramos retacado el cuerpo de maldad.[22] ¿Y ya ve? Ahora lo han herido. ¿Qué pasó con sus amigos? Los mataron a todos. Pero ellos no tenían a nadie. Ellos bien hubieran podido decir: "No tenemos a quién darle nuestra lástima." ¿Pero usted, Ignacio?

Allí estaba ya el pueblo. Vio brillar los tejados bajo la luz de la luna. Tuvo la impresión de que lo aplastaba el peso de su hijo al sentir que las corvas se le doblaban en el último esfuerzo. Al llegar al primer

[19] nunca...cabeza: *I never thought that, as time passed, that fury would take hold of you the way it did*
[20] descanse en paz: *may (she) rest in peace*
[21] a estas alturas: *at this point*
[22] Parece...maldad: *It seems that we filled your body with evil instead of affection*

tejabán, se recostó sobre el pretil de la acera y soltó el cuerpo, flojo, como si lo hubieran descoyuntado.

Destrabó difícilmente los dedos con que su hijo había venido sosteniéndose de su cuello y, al quedar
5 libre, oyó cómo por todas partes ladraban los perros.

—¿Y tú no los oías, Ignacio? —dijo—. No me ayudaste ni siquiera con esta esperanza.

CUESTIONARIO

1. ¿Cómo describe el autor las siluetas de los dos hombres que caminaban por la orilla del arroyo?
2. ¿Qué importancia tenía para los dos hombres los ladridos de los perros?
3. ¿Por qué el padre cargaba sobre sus hombros al hijo?
4. ¿Cuántos años tenía aproximadamente el hijo?
5. ¿Por qué el hijo no deseaba llegar a Tonaya?
6. Según el padre, ¿cómo había sido el hijo?
7. ¿Por qué era un esfuerzo para el padre el amar a su hijo?
8. ¿Qué clase de vida llevaba el hijo últimamente?
9. ¿Qué recuerdos tenía el padre de su hijo?
10. ¿Qué le sucede al hijo al llegar al pueblo?

PARA DISCUTIR Y ESCRIBIR

1. ¿Cuál es el tema de este cuento?
2. ¿Le interesaba realmente al padre salvar a su hijo, o lo hacía por una causa especial?

3. Cuando el padre le habla al hijo, utiliza alternadamente las formas *tú* y *usted*. Revise el texto e indique por qué lo hace y qué significa.

4. ¿Qué simbolismo representa el ladrido de los perros? Escriba un pequeño párrafo dando su opinión.

11

Gabriel
García Márquez

GABRIEL GARCÍA MÁRQUEZ

COLOMBIA, 1928-

Este notable escritor marcha hoy, con paso firme, a la cabeza de los novelistas hispanoamericanos. Nació en Aracataca, un pueblecito en la costa atlántica. Por tres años estudió leyes en la Universidad Nacional de Bogotá, pero dejó sus estudios por el periodismo e ingresó a trabajar en el periódico liberal El Espectador *de esa capital. Este periódico le nombró en 1954 su corresponsal en Roma y allí estudió arte cinematográfico. Luego se trasladó a París y cuando el dictador Rojas Pinilla clausuró* El Espectador, *Márquez quedó sin trabajo. En 1957 regresó a Colombia y luego se dedicó a viajar por varios países de América, actualmente reside en Barcelona, España.*

Después de haber publicado vários cuentos en revistas y peródicos, el autor publicó La hojarasca *(1955), su primera novela del ciclo de "Macondo", el mundo imaginario creado por el autor en el que viven la mayoría de sus personajes y que puede considerarse como un microcosmos de América latina. Esta novela se construye a base de los recuerdos de tres personas: el abuelo, la hija y el nieto. Otra novela corta es* El coronel no tiene quien le escriba *(1961) y trata sobre la ilusión y la esperanza absurda del coronel (figura tragicómica) que todos los días espera el correo que le traerá su pensión de retiro, pero nunca le llega. La sicología de los personajes es casi perfecta y el autor usa la ironía, el humorismo y la exageración con gran maestría para darnos un cuadro de la vida colombiana. Su única colección de relatos cortos es, hasta hoy,* Los funerales de la mamá grande *(1962). Constituyen una aguda crítica social contra los ricos que dominan los pequeños pueblos de los países latinoamericanos. El arte narrativo de Márquez se basa más en sugerir cosas que describirlas y logra su mejor estilo en* La mala hora *(1962), obra que contiene como trasfondo la violencia política. La obra maestra de este autor es* Cien años de soledad *(1967), novela que ha alcanzado fama internacional tanto por su contenido como por sus traducciones. Trata de la fundación, esplendor y decadencia final de Macondo, abarcando un período de cien años en las vidas de la familia Buendía y, según el autor, con ella se cierra el ciclo de Macondo. La trama de esta novela es de gran complejidad pues, además del gran número de personajes que aparecen, el autor utiliza la fantasía, la fábula y el humor como medios literarios para darnos una visión cósmica de Colombia y América Latina en general. Los temas básicos son: la soledad, la destrucción del hombre por la violencia política y las luchas civiles, y la ilusión. El estilo de Márquez es rico en hipérboles, en imágenes y expresiones idiomáticas.*

La selección que ofrecemos "La prodigiosa tarde de Baltazar" pertenece a la colección de cuentos Los funerales de la mamá grande. *En este relato se refleja el sentido humano y la sensibilidad social del autor. Baltazar, un humilde carpintero ha hecho una jaula preciosa para el hijo del rico del pueblo, pero éste se niega a pagarle por el trabajo a pesar de que el niño la desea. El carpintero no se deja vencer por esta inconveniencia y, dignamente, le regala la jaula a Pepe para que no llore y después se va a celebrar el acontecimiento con sus amigos para gastar el dinero imaginario que creyó ganar con la venta de la jaula. Muchas son las posibles interpretaciones: el artesano o artista que no es comprendido por su arte; el pobre que da lecciones de caridad y bondad al rico; el ansia de usar la ilusión contra los efectos negativos del fracaso y la derrota. El estilo es sencillo, pero sobresale por su poder pictórico y realista.*

La prodigiosa tarde
de Baltazar

La jaula estaba terminada. Baltazar la colgó en el alero,[1] por la fuerza de la costumbre,[2] y cuando acabó de almorzar ya se decía por todos lados que era la jaula más bella del mundo. Tanta gente vino a verla, que se formó un tumulto[3] frente a la casa, y Baltazar tuvo que descolgarla y cerrar la carpintería.

—Tienes que afeitarte —le dijo Úrsula, su mujer— Pareces un capuchino.[4]

—Es malo afeitarse después del almuerzo —dijo Baltazar.

Tenía una barba de dos semanas, un cabello corto, duro y parado como las crines de un mulo,[5] y una expresión general de muchacho asustado. Pero era una expresión falsa. En febrero había cumplido 30 años, vivía con Úrsula desde hacía cuatro, sin casarse y sin tener hijos, y la vida le había dado muchos

---

[1] la colgó en el alero: *hung it (the birdcage) from the eaves of the house*
[2] por la fuerza de la costumbre: *by sheer habit*
[3] se formó un tumulto: *a crowd gathered*
[4] pareces un Capuchino: *you look like a Capuchin friar (alluding to the long thick beard which as a rule all Capuchin friars wear)*
[5] como las crines de un mulo: *as a mule's mane*

motivos para estar alerta,[6] pero ninguno para estar asustado. Ni siquiera sabía que para algunas personas, la jaula que acababa de hacer era la más bella del mundo. Para él, acostumbrado a hacer jaulas desde niño, aquel había sido apenas un trabajo más arduo 5 que los otros.

—Entonces repósate un rato[7] —dijo la mujer—. Con esa barba no puedes presentarte en ninguna parte.[8]

Mientras reposaba tuvo que abandonar la hamaca varias veces para mostrar la jaula a los vecinos. Úrsula 10 no le había prestado atención hasta entonces. Estaba disgustada porque su marido había descuidado el trabajo de la carpintería para dedicarse por entero[9] a la jaula, y durante dos semanas había dormido mal, dando tumbos y hablando disparates,[10] y no había 15 vuelto a[11] pensar en afeitarse. Pero el disgusto se disipó ante[12] la jaula terminada. Cuando Baltazar despertó de la siesta, ella le había planchado los pantalones y una camisa, los había puesto en un asiento junto a la hamaca, y había llevado la jaula a la 20 mesa del comedor. La contemplaba en silencio.

—¿Cuánto vas a cobrar? —preguntó.

—No sé —contestó Baltazar—. Voy a pedir treinta pesos para ver si me dan veinte.

—Pide cincuenta —dijo Úrsula—. Te has trasnocha- 25 do mucho en estos quince días. Además, es bien

[6] estar alerta: *to watch out*
[7] repósate un rato: *rest for a while*
[8] en ninguna parte: *nowhere*
[9] por entero: *wholly, completely*
[10] dando tumbos y hablando disparates: *stumbling and cursing (or talking nonsense)*
[11] no había vuelto a: *he didn't*
[12] se disipó ante: *it vanished before*

grande. Creo que es la jaula más grande que he visto en mi vida.

Baltazar empezó a afeitarse.

—¿Crees que me darán los cincuenta pesos?

5 —Eso no es nada para don Chepe Montiel, y la jaula los vale[13] —dijo Úrsula—. Debías pedir sesenta.

La casa yacía en una penumbra sofocante. Era la primera semana de abril y el calor parecía menos soportable por el pito de las chicharras.[14] Cuando

10 acabó de vestirse, Baltazar abrió la puerta del patio para refrescar la casa, y un grupo de niños entró en el comedor.

La noticia se había extendido. El doctor Octavio Giraldo, un médico viejo, contento de la vida pero

15 cansado de la profesión, pensaba en la jaula de Baltazar mientras almorzaba con su esposa inválida. En la terraza interior donde ponían la mesa en los días de calor, había muchas macetas con flores y dos jaulas con canarios. A su esposa le gustaban los

20 pájaros, y le gustaban tanto que odiaba a los gatos porque eran capaces de comérselos. Pensando en ella, el doctor Giraldo fue esa tarde a visitar a un enfermo, y al regreso pasó por la casa de Baltazar a conocer la jaula.

25 Había mucha gente en el comedor. Puesta en exhibición sobre la mesa, la enorme cúpula de alambre con tres pisos interiores, con pasadizos y compartimientos especiales para comer y dormir, y trapecios en el espacio reservado al recreo de los

30 pájaros, parecía el modelo reducido[15] de una gigan-

[13] la jaula los vale: *the birdcage is worth (the fifty pesos)*
[14] el pito de las chicharras: *the shrill of the locusts*
[15] modelo reducido: *small scale model*

Gabriel García Márquez

tesca fábrica de hielo. El médico la examinó cuidadosamente, sin tocarla, pensando que en efecto aquella
jaula era superior a su propio prestigio,[16] y mucho
más bella de lo que había soñado jamás para su mujer.

—Esto es una aventura de la imaginación —dijo. 5
Buscó a Baltazar en el grupo, y agregó, fijos en él sus
ojos maternales—: Hubieras sido un extraordinario
arquitecto.

Baltazar se ruborizó.

—Gracias —dijo.　　　　　　　　　　　　　　　10

—Es verdad —dijo el médico. Tenía una gordura lisa
y tierna como la de una mujer que fue hermosa en su
juventud, y unas manos delicadas. Su voz parecía la
de un cura hablando en latín—.[17] Ni siquiera será
necesario ponerle pájaros —dijo, haciendo girar la 15
jaula frente a los ojos del público, como si la estuviera
vendiendo—. Bastará con colgarla entre los árboles
para que cante sola.[18] —Volvió a ponerla en la mesa,
pensó un momento, mirando la jaula, y dijo:

—Bueno, pues me la llevo.　　　　　　　　　　20

—Está vendida —dijo Úrsula.

—Es del hijo de don Chepe Montiel —dijo Baltazar—. La mandó a hacer expresamente.

El médico asumió una actitud respetable.

—¿Te dio el modelo?　　　　　　　　　　　　25

—No —dijo Baltazar—. Dijo que quería una jaula
grande, como esa, para una pareja de turpiales.[19]

---

[16] su propio prestigio: *his own reputation (as doctor)*
[17] un cura hablando en latín: *a priest speaking in Latin (implying a soft and monotonous tone of voice)*
[18] para que cante sola: *for it to sing by itself*
[19] una pareja de turpiales: *a pair of troupials (a kind of bird, from Central and South America, similar to golden oriole)*

150

El médico miró la jaula.

—Pero ésta no es para turpiales.

—Claro que sí, doctor —dijo Baltazar, acercándose a la mesa. Los niños lo rodearon—. Las medidas están
5 bien calculadas —dijo, señalando con el índice los diferentes compartimientos. Luego golpeó la cúpula con los nudillos, y la jaula se llenó de acordes profundos.

—Es el alambre más resistente que se puede
10 encontrar, y cada juntura está soldada por dentro y por fuera[20] —dijo.

—Sirve hasta para un loro —intervino uno de los niños.

—Así es —dijo Baltazar.
15 El médico movió la cabeza.

—Bueno, pero no te dio el modelo —dijo—. No te hizo ningún encargo preciso, aparte de que fuera una jaula grande para turpiales. ¿No es así?

—Así es —dijo Baltazar.
20 —Entonces no hay problema —dijo el médico—. Una cosa es una jaula grande para turpiales y otra cosa es esta jaula. No hay pruebas de que sea ésta la que te madaron hacer.

—Es esta misma —dijo Baltazar, ofuscado—. Por eso
25 la hice.

—El médico hizo un gesto de impaciencia.

—Podrías hacer otra —dijo Ursula, mirando a su marido. Y después, hacia el médico—: Usted no tiene apuro.[21]

---

[20] por dentro y por fuera: *inside and out*
[21] usted no tiene apuro: *you are not in a hurry*

—Se la prometí a mi mujer para esta tarde —dijo el médico.

—Lo siento mucho, doctor —dijo Baltazar—, pero no se puede vender una cosa que ya está vendida.

El médico se encogió de hombros. Secándose el sudor del cuello con un pañuelo, contempló la jaula en silencio, sin mover la mirada de un mismo punto indefinido, como se mira un barco que se va.

—¿Cuánto te dieron por ella?

Baltazar buscó a Úrsula sin responder.

—Sesenta pesos —dijo ella.

El médico siguió mirando la jaula.

—Es muy bonita —suspiró—. Sumamente[22] bonita. —Luego, moviéndose hacia la puerta, empezó a abanicarse con energía, sonriente, y el recuerdo de aquel episodio desapareció para siempre de su memoria.

—Montiel es muy rico —dijo.

En verdad, José Montiel no era tan rico como parecía, pero había sido capaz de todo por llegar a serlo. A pocas cuadras de allí, en una casa atiborrada de arneses[23] donde nunca se había sentido un olor que no se pudiera vender, permanecía indiferente a la novedad de la jaula. Su esposa, torturada por la obsesión de la muerte, cerró puertas y ventanas después del almuerzo y yació[24] dos horas con los ojos abiertos en la penumbra del cuarto, mientras José Montiel hacía la siesta.[25] Así la sorprendió un alboroto de muchas voces. Entonces abrió la puerta

[22] sumamente: *exceedingly*
[23] atiborrada de arneses: *stuffed with harnesses*
[24] yació: *(she) lay down in bed*
[25] hacía la siesta: *was taking a nap*

de la sala y vio un tumulto frente a la casa, y a Baltazar con la jaula en medio del tumulto, vestido de blanco y acabado de afeitar, con esa expresión de decoroso candor con que los pobres llegan a la casa de
5 los ricos.

—Qué cosa tan maravillosa —exclamó la esposa de José Montiel, con una expresión radiante, conduciendo a Baltazar hacia el interior—. No había visto nada igual en mi vida —dijo, y agregó, indignada con la
10 multitud que se agolpaba en la puerta—: Pero llévesela para adentro que nos van a convertir la sala en una gallera.

Baltazar no era un extraño en la casa de José Montiel. En distintas ocasiones, por su eficacia y buen
15 cumplimiento, había sido llamado para hacer trabajos de carpintería menor. Pero nunca se sintió bien entre los ricos. Solía pensar en ellos, en sus mujeres feas y conflictivas, en sus tremendas operaciones quirúrgicas y experimentaba siempre un sentimiento de piedad.
20 Cuando entraba en sus casas no podía moverse sin arrastrar los pies.

—¿Está Pepe? —preguntó.

Había puesto la jaula en la mesa del comedor.

—Está en la escuela —dijo la mujer de José
25 Montiel—. Pero ya no debe demorar. —Y agregó:— Montiel se está bañando.

En realidad José Montiel no había tenido tiempo de bañarse. Se estaba dando una urgente fricción de alcohol alcanforado para salir a ver lo que pasaba. Era
30 un hombre tan prevenido, que dormía sin ventilador eléctrico para vigilar durante el sueño los rumores de la casa.

—Adelaida —gritó—. ¿Qué es lo que pasa?

153

Gabriel García Márquez

—Ven a ver qué cosa tan maravillosa —gritó su mujer.

José Montiel —corpulento y peludo, la toalla colgada en la nuca— se asomó por la ventana del dormitorio. 5

—¿Qué es eso?

—La jaula de Pepe —dijo Baltazar.

La mujer lo miró perpleja.

—¿De quién?

—De Pepe —confirmó Baltazar. Y después dirigién- 10 dose a José Montiel—: Pepe me la mandó a hacer.

Nada ocurrió en aquel instante, pero Baltazar se sintió como si le hubieran abierto la puerta del baño.[26] José Montiel salió en calzoncillos del dormitorio. 15

—Pepe —gritó.

—No ha llegado —murmuró su esposa, inmóvil.

Pepe apareció en el vano de la puerta.[27] Tenía unos doce años y las mismas pestañas rizadas y el quieto patetismo de su madre. 20

—Ven acá —le dijo José Montiel—. ¿Tú mandaste a hacer esto?

El niño bajó la cabeza. Agarrándolo por el cabello, José Montiel lo obligó a mirarlo a los ojos.

—Contesta. 25

El niño se mordió los labios sin responder.

—Montiel —susurró la esposa.

José Montiel soltó al niño y se volvió hacia Baltazar con una expresión exaltada.

—Lo siento mucho, Baltazar —dijo—. Pero has 30

[26] se sintió. . .baño: *he felt embarrassed*
[27] vano de la puerta: *doorway*

154

debido consultarlo conmigo antes de proceder. Sólo a
ti se te ocurre contratar con un menor. —A medida
que hablaba, su rostro fue recobrando la serenidad.
Levantó la jaula sin mirarla y se la dio a Baltazar.—
5 Llévatela en seguida y trata de vendérsela a quien
puedas —dijo—. Sobre todo, te ruego que no me
discutas. —Le dio una palmadita en la espalda, y
explicó:— El médico me ha prohibido coger rabia.[28]

El niño había permanecido inmóvil, sin parpadear,
10 hasta que Baltazar lo miró perplejo con la jaula en la
mano. Entonces emitió un sonido gutural, como el
ronquido de un perro, y se lanzó al suelo dando
gritos.

José Montiel lo miraba impasible, mientras la
15 madre trataba de apaciguarlo.

—No lo levantes —dijo—. Déjalo que se rompa la
cabeza contra el suelo y después le echas sal y limón
para que rabie con gusto.

El niño chillaba sin lágrimas, mientras su madre lo
20 sostenía por las muñecas.

—Déjalo —insistió José Montiel.

Baltazar observó al niño como hubiera observado la
agonía de un animal contagioso. Eran casi las cuatro.
A esa hora, en su casa, Úrsula cantaba una canción
25 muy antigua, mientras cortaba rebanadas de cebolla.

—Pepe —dijo Baltazar.

Se acercó al niño, sonriendo, y le tendió la jaula. El
niño se incorporó de un salto, abrazó la jaula, que era
casi tan grande como él, y se quedó mirando a
30 Baltazar a través del tejido metálico, sin saber qué
decir. No había derramado una lágrima.

---

[28] coger rabia: *to get angry*

—Baltazar —dijo Montiel, suavemente—. Ya te dije que te la lleves.

—Devuélvela —ordenó la mujer al niño.

—Quédate con ella —dijo Baltazar. Y luego, a José Montiel—: Al fin y al cabo,[29] para eso la hice. 5

José Montiel lo persiguió hasta la sala.

—No seas tonto, Baltazar. . .decía, cerrándole el paso—. Llévate tu trasto para la casa y no hagas más tonterías. No pienso pagarte ni un centavo.

—No importa —dijo Baltazar—. La hice expresa- 10 mente para regalársela a Pepe. No pensaba cobrar nada.

Cuando Baltazar se abrió paso a través de[30] los curiosos que bloqueaban la puerta, José Montiel daba gritos en el centro de la sala. Estaba muy pálido y sus 15 ojos empezaban a enrojecer.

—Estúpido —gritaba—. Llévate tu cacharro. Lo último que faltaba es que un cualquiera venga a dar órdenes en mi casa. ¡Carajo! [31]

En el salón de billar recibieron a Baltazar con una 20 ovación. Hasta ese momento, pensaba que había hecho una jaula mejor que las otras, que había tenido que regalársela al hijo de José Montiel para que no siguiera llorando, y que ninguna de esas cosas tenía nada de particular. Pero luego se dio cuenta de que 25 todo eso tenía una cierta importancia para muchas personas, y se sintió un poco excitado.

—De manera que te dieron cincuenta pesos por la jaula.

—Sesenta —dijo Baltazar. 30

[29] al fin y al cabo: *after all, in the end*
[30] se abrió paso a través de: *forced his way through*
[31] ¡Carajo!: *(interj.) Hell!, Damn it all!*

—Hay que hacer una raya en el cielo[32] —dijo alguien—. Eres el único que ha logrado sacarle ese montón de plata a don Chepe Montiel. Esto hay que celebrarlo.

5   Le ofrecieron una cerveza, y Baltazar correspondió con una tanda para todos.[33] Como era la primera vez que bebía, al anochecer estaba completamente borracho, y hablaba de un fabuloso proyecto de mil jaulas de a sesenta pesos, y después de un millón de jaulas
10 hasta completar sesenta millones de pesos.

    —Hay que hacer muchas cosas para vendérselas a los ricos antes que se mueran —decía, ciego de la borrachera—. Todos están enfermos y se van a morir. Cómo estarán de jodidos[34] que ya ni siquiera pueden
15 coger rabia.

    Durante dos horas el tocadiscos automático estuvo por su cuenta tocando sin parar. Todos brindaron por la salud de Baltazar, por su suerte y su fortuna, y por la muerte de los ricos, pero a la hora de la comida lo
20 dejaron solo en el salón.

    Úrsula lo había esperado hasta las ocho, con un plato de carne frita cubierto de rebanadas de cebolla. Alguien le dijo que su marido estaba en el salón de billar, loco de felicidad,[35] brindando cerveza a todo
25 el mundo, pero no lo creyó porque Baltazar no se había emborrachado jamás. Cuando se acostó, casi a la medianoche, Baltazar estaba en un salón iluminado, donde había mesitas de cuatro puestos con sillas

---

[32] hacer. . .cielo: *literally, to draw on the sky*
[33] una tanda para todos: *a treat to a drink for all; a free round of drinks*
[34] cómo estarán de jodidos: *they are so worn out*
[35] loco de felicidad: *mad with joy*

alrededor, y una pista de baile al aire libre, por donde se paseaban los alcaravanes.[36] Tenía la cara embadurnada de colorete,[37] y como no podía dar un paso más, pensaba que quería acostarse con dos mujeres en la misma cama. Había gastado tanto, que tuvo que 5 dejar el reloj como garantía, con el compromiso de pagar al día siguiente. Un momento después, despatarrado[38] por la calle, se dio cuenta de que le estaban quitando los zapatos, pero no quiso abandonar el sueño más feliz de su vida. Las mujeres que pasaron 10 para la misa de cinco[39] no se atrevieron a mirarlo, creyendo que estaba muerto.

CUESTIONARIO

1. ¿Cuáles son los personajes principales de este cuento?
2. ¿Cómo supo la gente del pueblo que Baltazar, el carpintero, había hecho la "jaula más bella del mundo"?
3. Si Baltazar estuvo dos semanas sin afeitarse, ¿cuánto tiempo le tomó hacer la jaula?
4. ¿Cuánto tiempo hacía que Baltazar "vivía" con Úrsula? ¿Qué tipo de relación social mantenían?
5. ¿Qué tipo de jaulas hacía Baltazar? ¿Tenía mucha experiencia en hacerlas?
6. ¿Cuánto dinero pensaba cobrar Baltazar por la jaula? ¿Cuánto dinero quería Úrsula?

[36] alcaravanes: *nocturnal herons, stone curlews*
[37] embadurnada de colorete: *smeared with rouge*
[38] despatarrado: *with the legs widespread*
[39] misa de cinco: *a five o'clock morning mass*

7. ¿Por qué el doctor Giraldo deseaba regalarle una jaula a su esposa?

8. ¿Por qué el médico pensó que la jaula "era superior a su propio prestigio"? ¿Qué clase de individuo era el doctor Giraldo?

9. ¿Para quién era la jaula que había hecho Baltazar? ¿Qué modelo utilizó?

10. ¿Por qué el médico Giraldo no quiso comprar la jaula?

11. ¿Quién era Jose Montiel? ¿Cómo era su esposa?

12. ¿Por qué la sala de los Montiel se podría haber convertido en una "gallera"?

13. ¿Cómo conocía Baltazar a la familia Montiel y bajo qué condición social?

14. ¿Por qué José Montiel no quiso pagarle a Baltazar por la jaula?

15. ¿Qué les dijo Baltazar a sus amigos cuando los invitó a celebrar la *venta* de la jaula?

16. ¿De qué proyecto maravilloso hablaba Baltazar cuando "estaba completamente borracho"? ¿Qué pensaba de los ricos?

PARA DISCUTIR Y ESCRIBIR

1. ¿Cuál es el verdadero significado del título del cuento? ¿Para qué personajes fue, en realidad, una "prodigiosa tarde"?

2. Aparentemente, el personaje principal del relato parece ser Baltazar, el carpintero, ¿podría Ud. indicar cuál es el verdadero personaje principal y por qué? Cite dos ejemplos del texto que confirmen su opinión.

3. ¿Qué recurso estilístico [de técnica literaria] utiliza el autor para caracterizar a los personajes del relato? Busque ejemplos en el texto que revelan la personalidad de cada unos de ellos.

4. Discuta las clases sociales a las cuales pertenecen los personajes del relato e indique, por medio de ejemplos, ¿qué importancia tiene el dinero para cada uno de ellos?

5. ¿Cuál es el elemento sicológico que sobresale en la personalidad de Baltazar?

6. ¿Qué comentario social puede obtenerse de este relato? Escriba un pequeño párrafo.

SPANISH–ENGLISH
VOCABULARY

The following elements have been omitted from this vocabulary:

days of the week
months of the year
numbers
proper names
very obvious cognates
regular adverbs (those that consist of the feminine form of
the adjective plus –mente)
articles
pronouns
expressions translated in the footnotes

Verbs are listed in infinitive forms only.

Adjectives are listed in the masculine singular.

Gender is not listed for nouns ending in –o, –a, –ción, –dad,
–tud, and the like unless they are irregular.

The following abbreviations have been used:

abbrev.	abbreviation	*m.*	masculine
adj.	adjective	*n.*	noun
adv.	adverb	*neut.*	neuter
art.	article	*obj.*	object
coll.	colloquial	*p.p.*	past participle
conj.	conjunction	*pl.*	plural
def.	definite	*poss.*	possessive
dem.	demonstrative	*prep.*	preposition
dir.	direct	*pres. p.*	present participle
f.	feminine	*pron.*	pronoun
fam.	familiar	*reflex.*	reflexive
indef.	indefinite	*rel.*	relative
ind.	indirect	*sing.*	singular
inf.	infinitive	*subj.*	subjunctive
lit.	literary	*v.*	verb

a

abajo *down, below*
abandonar *to leave*
abanicar *to fan*
abanico *fan*
abarcar *to include*
aberración *aberration*
abierto *open, opened*
abolir *to repeal, to revoke*
abrasar *to burn; to be on fire*
abrazado *clinging to, hugging*
abrazar *to embrace*
abrazo *embrace, hug*
abrir *to open*
ábside *m. apse*
absoluto *complete*
absurdo *absurd, meaningless,
   outrageous*
abuelo *grandfather*
aburrirse *to grow tired;
   to get bored*
abusar de *to take undue
   advantage of*
acá *here*
acabar *to end, to finish;
   — de + inf. to finish +
   pres. p.; to have just + p.p.*
acaecer *to happen*
acaso *chance, accident;
   adv. maybe, perhaps*
acción *action, plot*
aceptar *to accept; — a + inf.
   to agree + inf.*
acerca de *about, concerning*
acercar *to bring near; — a to
   approach*
acero *steel*
aclarar *to make clear, to
   explain*
acompañar *to go with, to
   accompany; to share with*

acontecimiento *happening,
   event*
acordarse de *to remember*
acostarse *to go to bed*
actitud *attitude*
actividad *activity*
acto: — continuo *immediately afterwards*
actual *present; present day*
actualizar *to bring up to date*
actualmente *at present*
acudir *to run to, to resort*
acumular *to gather, to
   store up*
acusación *accusation*
adaptar *to adapt; to fit*
adelantar a *to move forward,
   to outstrip, to overtake; —se
   a to get ahead of, to surpass*
adelante *forward*
además *adv. besides, more-
   over, what's more; — de
   besides*
adentro *inside*
adivinanza *riddle, guess*
adivinar *to guess; to solve*
admirar *to admire; to
   surprise; to wonder*
admirativo *admiring;
   admirable*
admitir *to admit, to allow,
   to accept*
adonde *where; to which*
adoptar *to assume*
adornado *adorned*
adornar *to set off; to
   enhance, to glamorize*
advertir (ie, i) *to observe; to
   note, to tell; to give warning*
afectar *to afflict, to affect,
   to earmark*

afecto *adj.* *fond; emotion,*
affection
afeitar *to shave;* —se *to*
shave
afición *fondness, liking*
afirmar *to assert, to affirm;*
to steady oneself
afrenta *affront, insult*
afuera *outside*
agachar *to bow;* — la cabeza
to lower
agarrar *to grab, to take*
hold of
agarrotar *to tie up; to bind*
agolparse *to flock, to press*
agonía *agony; end*
agonizante *dying; m. and*
f. dying person
agradar *to please*
agravar *to make worse;* —se
to become more grave
agravio *offense*
agregar *to add*
agriar *to sour, to turn sour*
agua *water*
aguacero *heavy shower*
aguantar *to suffer, to stand;*
—se un poco *to hold out a*
little longer
agudeza *sharpness*
agudo *sharp, clever*
aherrojar *to fetter*
ahí *adv.* *there;* de — que
with the result that
ahora *now, at present,*
presently; — que *but*
ahorcar *to hang; to get*
caught; to have no choice
ahumado *smoked*
aire *m.* *air, breeze; manner,*
attitude; al — libre *in the*

open air
airecillo *breeze, wind*
ajedrez *m.* *chess*
alambre *m.* *wire*
albayalde *m.* *white lead*
albergar *to put up; to shelter*
alborotar *to disturb, to raise*
a racket
alboroto *racket, noise*
alborozar *to gladden*
alcaide *m.* *warden of a castle*
alcance: al — de *within reach of*
alcanforado *camphorated*
alcanzar *to reach, to achieve;*
to catch up to; — a ver *to*
catch sight of; — + *inf. to*
manage + *inf.*
alcaraván *m.* *stone curlew*
alcoba *bedroom*
alegría *joy, gaiety*
alelí *m.* *(pl.* —líes) *gilly flower*
alero *eaves*
alerto *watchful, alert;*
estar — *to watch out, to be*
on the alert
algarrobo *carob*
algo *something*
alguien *somebody, someone*
algún, alguno *adj.* *some, any,*
one (of them)
alicantino *pertaining to*
Alicante
alinear *to line up*
aliviar *to relieve, to make*
someone feel better; —se *to*
get better, to recover
alivio *relief, comfort*
aljibe *m.* *well, cistern*
alma *f.* *soul; ghost*
almena *merlon*
almendro *almond tree*

almorzar (ue) *to eat lunch*
almuerzo *lunch*
alrededor *adv. around, about*
alterar *to disturb, to upset*
alto *adj. high; m. height;
    stop, halt; altos upper sto-
    ries; en lo — de on top of*
altura *altitude; height; sum-
    mit; a estas —s at this point*
alza *f. rise, advance*
alzar *to lift, to raise; to rise*
allá *adv. there, yonder, way
    up there; — arriba high up
    there; más — farther away,
    over there; más — de be-
    yond, on the other side of*
allegar *to gather*
allí *adv. there, then; — arriba
    up there*
amanecer (zc) *to dawn, to
    begin to get light; to awaken
    early; m. dawn, daybreak*
amante *m. and f. lover*
amapola *poppy*
amar *to love*
amargo *bitter*
amargura *bitterness, sorrow,
    grief*
amarillo *yellow*
ambiente *m. atmosphere,
    surroundings, circle*
ámbito *contour; boundary
    line; scope*
ambos *both*
amigo *friend; ser — de to be
    fond of*
amistad *friendship*
amor *m. love*
amparo *protection*
amplio *full*
amplitud *extent, amplitude*

analfabeto *illiterate*
anarquismo *anarchism*
andaluz *Andalusian*
andar *to walk about; to go
    about; to be functioning;
    to move along; to go — a
    patadas con to kick around;
    — se con to use, to employ;
    m. walk*
angustia *anguish*
angustioso *distressing,
    afflicted*
anhelo *yearning, longing*
anilla *loop, hoop*
anima *soul, ghost*
animalidad *animality*
animar *to become enlivened;
    to cheer up*
anochecer *m. nightfall*
anónimo *anonymous;
    m. anonymous letter*
ansia *longing, yearning*
ansioso *anguished, anxious*
antemano: de — *beforehand,
    in advance*
ante *before, in front of, in
    the presence of*
antenoche *adv. night before
    last*
antepasados *m. pl. ancestors*
anterior *previous, former*
antes *first, before; — de
    before; — de + inf. before +
    pres. p.; — de que before*
anticipar *to anticipate*
antiguo *old, ancient*
antojadizo *capricious, fickle*
anunciar *to announce*
añadir *to add*
apaciguar (üe) *to pacify; to
    appease; —se to calm down*

apagado *dull, listless*

apagar *to turn off*

aparatoso *showy, pompous*

aparecer (zc) *to appear, to turn up, to show up*

apartar *to move away; to separate;* — se de *to stray from*

aparte adv. *apart, aside;* — de *apart from*

apasionado *passionate, loving*

apearse *to get off, to step down*

apedrear *to stone; to beat against*

apellido *name, surname*

apenas adv. *barely, scarcely; no sooner, as soon as*

aplacar *to appease*

aplastar *to crush, to flatten*

apoderarse (de) *to take possession of; to take hold of*

apogeo *peak*

aposento *room, lodging*

apoyar *to support;* — se en *to rest on, to lean on*

apoyo *support, backing*

apreciar *to notice, to appreciate*

aprender *to learn;* — a + inf. *to learn + inf.*

apresto *preparation*

apretar (ie) *to clench; to hold tight; to press; to squeeze*

aprovechar *to take advantage of; to make use of;* — se de *to take advantage of*

apto: — para + inf. *quick to + inf.; suitable for + ger*

apuro *need, haste;* tener — *to be in a rush,* andarse con — s *to have difficulties*

aquí *here;* de — que *hence*

árbol m. *tree*

ardiente adj. *hot, bright*

ardientemente *passionately*

ardilla *squirrel*

arduo *hard*

argamasa *mortar*

argumento *plot*

árido *dry*

¡arm! interj. *hup!*

armar *to arm;* — bronca *to start a row;* — se de valentía *to pluck up courage*

armonioso *harmonious*

arrabal m. *suburb*

arrancar *to pull up, to snatch away; to take off*

arrastrar *to carry away; to drag;* — los pies *to drag one's feet;* — se *to crawl*

arrebato *fit*

arreglar *to fix up*

arrepentirse de (ie, i) *to repent*

arriba adv. *up, above, high;* allá — *up there;* de — abajo *from head to foot;* para — y para abajo *up and down*

arrojado *daring, bold*

arroyo *stream*

arrugar *to frown*

arrumaco *caress;* hacer — s *to pat, to caress*

artesano *craftsman*

asalto *attack*

asar *to roast;* — la manteca *to burn the lard*

asco *disgust*

asedio *siege, blockade*
asegurar *to guarantee; to fasten;* —se *to make sure of*
asentarse *to settle*
asentir (ie, í) *to assent, to agree*
asesinato *murder*
asesino *murderer*
así *adv.* *so, thus;* — como *as soon as;* que — *so, therefore*
asiento *seat; settling;* — delantero *front seat*
asimilación *understanding*
asímismo *likewise, in like manner*
asistir a *to attend, to be present at*
asociar *to associate*
asomarse por *to lean out of, to look out of*
asombrado *amazed*
asombro *amazement, astonishment, surprise*
aspaviento *fuss*
aspecto *appearance; aspect; side*
astro *star;* — rey *sun*
asturianada *Asturian song*
asturiano *Asturian*
asumir *to assume*
asunción *assumption; elevation*
asustar *to frighten*
atajo *short cut*
atalaya *watchtower*
atar *to tie*
atarearse *to be exceedingly busy*
aterrador *dreadful*
aterrar *to terrify*
atiborrar de *to stuff with*

atontado *confused, stunned*
atormentar *to torture*
atraer *to draw*
atreverse *to dare*
atrevido *daring*
atribuir *to attribute*
atributo *attribute, sign*
atronar (ue) *to deafen, to split the eardrums of*
atroz *cruel*
audaz *adj.* *bold, daring*
aullar *to howl*
aun *still, even, also*
aún *still, yet;* — no *not yet*
aunque *although, even though*
aupar *to rise up*
auténtico *real; authentic*
auto *sentence; warrant;* —de prisión *prison sentence*
autor *m.* *author*
avanzar *to move forward*
avaro *greedy, stingy*
ave *f.* *bird*
aventura *adventure, danger*
avispa *wasp*
ayuda *aid, help*
ayudar *to help;* — a + *inf. to help* + *inf.*
azararse de estar triste *to become upset at being sad*
azul *blue*
azulino *bluish;* trajecito — *pretty little sky-blue dress*

b

baba *spittle, saliva*
baboso *drooling*
bacalao *codfish*
bailar *to dance*

baile *m.* *dance*

bajar *to lower; to descend; to go down; to bend*

bajo *low, under;* en voz baja *in a low voice*

balancear *to swing*

balazo *shot, bullet wound*

banco *bench*

bandeja *tray*

bandera *flag*

bandido *bandit, outlaw*

bañarse *to take a bath, to bathe oneself*

baño *bath;* cuarto de — *bathroom*

baratija *trinket*

barba *beard*

barbaridad *mistake*

barbarie *f.* *cruelty, savagery*

bárbaro *brat*

barbudo *bearded*

barco *boat, ship*

barniz *m.* *polish*

barrigoncete *big-bellied*

barrio *neighborhood, suburb*

bártulos *m.pl.* *household goods, belongings*

basarse en *to rely on*

basilisco *basilisk;* estar hecho un — *to be in a rage*

bastante *adj.* *enough; adv. enough, rather*

bata *house coat; dressing gown*

bastar con + *inf.* *to be enough + inf.*

batalla *battle;* en plena — *in the thick of battle*

bautizar *to baptize*

beber *to drink*

belicoso *warlike; aggressive*

belleza *beauty*

bello *beautiful*

bellota *acorn*

bendición *blessing*

besar *to kiss; to touch*

bicicleta *bicycle*

bien *well; good; all right;* ahora — *now then;* estar — *to be all right;* hacer — *to do right;* lo — que se pasaba *the good time that was had;* mas — *rather, somewhat;* más — del tiempo *much like the weather*

bienestar *m.* *well-being*

billar *m.* *pool, billiards*

billete *m.* *paper money, bill*

blanco *white*

blancura *whiteness*

blandengue *adj.* *soft*

bloquear *to block, to jam*

bobo *foolish; n. fool*

boca *mouth; entrance*

bocacalle *f.* *street entrance, street intersection*

boceto *sketch, outline*

bochorno *embarrassment*

boda *marriage, wedding*

bonachón *good-natured*

bondad *kindness, goodness*

bonito *pretty, nice*

boquerón *m.* *wide opening*

borde *m.* *edge*

borrachera *drunken brawl, spree*

borracho *drunk, intoxicated*

borronear *to scribble*

borroso *blurred*

bosquecillo *grove*

bota *leather wine bag*

botella *bottle*

bóveda *cave, cavern*

brazo *arm;* en —s *in one's arms*

brecha *opening*

breve *brief*

brillante *bright, sparkling*

brillar *to shine, to gleam*

brindar *to toast;* — por *to toast to*

brisca *bezique (card game);* jugar a la — *to play cards*

brocal *m. curbstone*

broma *joke, jest*

bronca *row, quarrel;* armar — *to start a row, to cause trouble*

brotar *to gush forth*

brusco *sudden, rude*

brutal *beastly*

brutalidad *brutality*

bucle *m. lock*

buenaventura *good luck, fortune*

bueno *good; fine;* ¡—! *well, all right!*

buey *m. ox, steer*

buho *owl*

buhonero *peddler, hawker*

burro *jackass*

busca *search;* en — de *in search of*

buscar *to look for, to search for, to seek*

búsqueda *search*

buzón *m. mailbox*

c

caballero *knight*

caballo *horse;* a — *on horse-back*

cabello *hair (of head)*

cabeza *head*

cabo: al — de *after*

cabra *goat*

cacharro *piece of junk*

cachemira *variant of* casimir *Cashmere*

cada *adj. each;* — cual *each one;* — vez *each time;* — vez menos *less and less*

cadáver *m. corpse*

caer *to fall, to drop;* — sobre *to be captured;* dejar — *to drop* —se *to fall down*

cafre *m. savage*

cajero *cashier*

cajón *m. drawer; bin*

cal *f. lime*

calabozo *cell, prison*

calcular *to calculate, to work out*

caldo *broth*

caliente *warm, heated*

calor *m. heat;* hacer — *to be hot, to be warm;* hacer un — sofocante *to be stifling hot*

calvo *bald*

calzar *to gain a foothold*

calzoncillos *drawers*

callar *to grow silent, to keep silent;* —se *to be quiet, to keep still*

calle *f. street*

cama *bed*

cambiar *to change;* — de *to change;* — de sitio *to change places;* — de parecer *to change one's mind or opinion*

cambio *change;* en — *instead, on the other hand*

caminante *m. and f. walker,*

wayfarer
caminar to walk
caminata hike, long walk
camino road, route; — de on
the way to; — de vuelta way
back; por el — on the road
camisa shirt; en mangas de —
in shirt sleeves
campesino adj. peasant,
farmer
campo field, countryside
canción song
candor m. simplicity
cansado tired, worn-out
cansarse to get tired
cansinamente wearily
cantar to sing
capaz capable, able
capilla chapel
capitular to surrender
capón m. rap on the head
(with a knuckle of the middle
finger)
captar to grasp
capturar to capture
cara face; — a facing
caramelo: — de menta mint
drop
carcajada burst of laughter;
reírse a —s to roar with laughter
carcomido rotten, worm-
eaten
carecer (de) (zc) to lack, to
be in need of
carga load; attack; volver a
la — to harp on the same subject
cargado (de) heavy (with);
weighed down
cargar to carry; to overload;

—se de to be overloaded with
cargo post; hacerse — de to
understand
caricia caress, endearment
caridad charity; alms
cariño affection
carmesí adj. crimson
carmín m. wild rose
carne f. flesh; meat
carrera career; race
carretera road, highway;
— adelante along the main
road; por la — abajo down
along the road
carrillo cheek
carro cart, wagon; — de
bueyes oxcart
carta letter
cartero letter carrier, mailman
casa house; home
casi almost, nearly
caso event; case; hacer — de
to take notice of
castigar to punish
castillo castle
causar to cause; to provoke
cautiverio captivity
cautivo captive
cazar to hunt
cebada barley
cebolla onion
ceder to yield
cegar to block up
cejar to back up
celda cell
celebrar to celebrate; — comicios to vote
célebre famous
cena dinner, supper
cenar to have dinner, to

have supper

censurar *to reproach*

centenar *m. hundred*

cerca *nearby; close;* — de *close to, near; f. fence*

cerciorarse (de) *to find out (about), to ascertain*

cerco *fence*

cerrar (ie) *to close; to block*

cerro *hill*

cerveza *beer*

cesta *basket;* — de la merienda *picnic basket*

ciego *blind*

cielo *sky; firmament*

cierto *certain, sure, true;* — que *of course;* lo — *what is certain*

ciervo *deer*

cigarrillo *cigarette*

cine *m. movie, cinema*

cinematógrafo *motion-picture theater*

ciprés *m. cypress*

cisco *uproar*

citar *to quote*

ciudad *city*

clamar *to cry out*

claro *clear, bright;* — que sí *of course*

clausurar *to close*

clavar *to fasten;* — los ojos *to stare*

cobrar *to charge*

cocina *kitchen*

coger (j) *to pick up;* — el tren *to take or catch the train;* — fuerzas *to become strong;* — rabia *to get angry*

cojo *lame; m. cripple*

cola *tail*

colaborar *to contribute*

colarse (por) (ue) *to penetrate*

cólera *rage*

colgar (ue) *to hang, to hang down;* — del cuello *to place around the neck*

colina *hill*

colmar *to fill, to fill up*

colocar *to place*

colorado *red;* ponerse — *to blush*

colorete *rouge*

columbrar *to glimpse; to guess*

comarcano *neighboring, regional*

combate *battle*

combinar *to combine, to blend*

comedor *m. dining room*

comemuerto: gusano —s *graveyard maggot*

comentar *to comment on; to gossip about*

comenzar (ie) *to begin, to start;* — a + inf. *to begin + inf.*

comer *to eat, to feed on*

cometer *to commit*

comida *meal; dinner*

comitiva *procession*

cómoda *chest of drawers*

compadecer (zc) *to comfort; to sympathize*

compadre *godfather*

compañero *partner, mate;* — de pensión *roommate;* — de armas *comrade-in-arms;* — de viaje *fellow traveler*

comparar *to compare*

compartimiento *compart-*

ment

compartir *to share*

compensación *reward*

compensar *to compensate, to even up*

complacencia *satisfaction, pleasure*

complacerse *to take pleasure, to delight*

completar *to finish*

completo: por — *completely*

compostura *good behavior; decorum*

comprar *to buy*

comprender *to understand; to encompass*

comprensión *understanding*

compromiso *commitment*

comunicar *to tell to, to convey*

concebir (i) *to get an idea*

concentrarse *to make an effort*

concernir (ie) *to concern*

condenado *poor wretch*

condenar *to convict*

conducir *to lead to; to take*

conducto: por — *through*

confesar (ie) *to admit*

confiar (í) *to trust*

conformarse (con) *to be satisfied (with), to resign oneself (to)*

conforme (a) *in accordance with*

confortar *to console*

confundir *to confuse; to trouble*

conjeturar *to guess*

conjunto *chorus;* señorita de — *chorus girl*

conocer (zc) *to know; to meet; to get to know; to recognize*

conocimiento *knowledge*

consagrar *to devote*

consejo *advice*

conservadurismo *conservatism*

conservar *to preserve, to keep*

considerable *great*

considerar *to consider; to take into account;* — que *to think that*

consistir en *to consist of*

consolar (ue) *to console*

conspirar *to plot*

constar *to be certain*

constituir *to establish*

construir *to build, to construct*

contagioso *diseased, infectious, infected*

contar (ue) *to count*

contemplar *to look at, to observe*

contener *to hold back; to contain;* —se *to restrain oneself*

contento *glad, happy*

contestar *to answer; to reply*

continuar *to continue;* — + *pres. p. to continue + inf. to continue + pres. p.*

contra *against; contrary to*

contradecir *to contradict*

contratar *to contract for; to take on*

contribuir *to contribute*

convencer *to convince*

conveniente *suitable, desir-*

able, advantageous

convenir (ie)   to befit, to
agree; — + inf. to be important + inf.

convertir (ie, i)   to turn; — en
to transform into; —se en to
change into, to become

convite m.   invitation

convivir con   to exist side by
side

copioso   abundant

coqueta   coquettish; f. flirt,
coquette

coral m.   coral; agua de —
coral (color) water

corazón m.   heart

coro   chorus; a — in chorus

coronar   to top; — de to
crown with

corpulento   heavy; big and
round

corral m.   barnyard; cattle
pen

correr   to run; to draw (a cur-
tain)

correspondencia   correspon-
dence; mail; sostener — con
to correspond with

corresponder   to correspond;
to belong to; — (con) to re-
ciprocate

corresponsal m. and f.   corre-
spondent

corretear   to romp; to run
around

corriente adj.   current, common; m. current month; f.
current

corro   circle, group; ring-
around-a rosy (children's
dance)

cortar   to slice; — a pico to
hew

corte m.   cut; — de cabello
haircut

cosa   thing; matter

cosecha   harvest, crop

costa   coast, seashore

costar (ue)   to cost; to take

costumbre f.   custom, habit;
de — as usual, usually

cotidiano adj.   daily, everyday

creador m.   creator

crear   to create, to build up

crecer (zc)   to grow; to grow
up

creciente   growing, increasing

creer   to believe; to think;
— en to believe in

crepúsculo   twilight

cresta   crest, top

creyente m. and f.   believer

criada   servant, maid

crianza: mala crianza   bad
breeding

criatura   child, baby

crimen m.   crime

criollo   native

crudeza   crudity, coarseness

crudo   raw; en — uncooked

cruz f.   cross

cruzar   to cross; —se to wrap

cuadra   barrack; block of
houses, square

cuadro   picture

cual   which; lo — which

cuál   which, what, which one

cualquier, cualquiera   any;
anyone

cuando   when; at the time of;
— más at most; — menos at
least; de — en — from time

to time; — lo de *in the days of, in the time of*

cuanto *as much as; whatever;* — antes *as soon as possible;* en — a *with regard to;* — más. . . *the more. . .;* —s *how many, as many as, all those who*

cuarto *room; quarter; copper coin; quarter hour;* — de baño *bathroom*

cubrir *to cover;* — de *to cover with*

cuento *story*

cuerda *string*

cuerno *horn*

cuerpo *body;* — a — *hand to hand*

cuesta: a —s *on one's back*

cueva *cave*

cuidado *care, attention*

cuidar *to watch over;* — de *to take care of*

culpa *blame, fault, guilt;* tener la — *to be guilty*

culpar a *to blame*

cultivo *cultivation, growing, crop*

cumplimiento *formality*

cumplir *to fulfill;* — . . . años *to be . . . years old*

cúpula *dome*

cura *priest*

curar *to cure, to heal;* — de *to recover*

curioso *curious; odd*

curso: en el — de *during*

cuyo *whose, of which*

ch

chacra *farm*

charco *puddle*

chicharra *locust*

chico *lad, boy*

chillar *to scream, to shriek*

chiquillo *youngster, little fellow*

chiste *m. joke*

chocar (con) *to collide (with)*

cholo *half-breed (Indian and white)*

choque *collision; shock*

churro *fritter, doughnut*

d

dar *to give; to cause; to hit, to strike (the hour); to yield;* — a entender *to hint, to insinuate;* — conversación a *to butter up;* — con *to meet, to find;* — de comer *to feed;* — golpes *to beat;* — un paseo *to take a walk, to stroll;* — pena *to be painful, to grieve;* — tumbos *to know about;* — vergüenza *to shame;* —se a + n. *to give to;* —se cuenta de *to realize, to be aware of;* —se por *to be considered as;* —se por vencido *to give in, to give up*

debajo de *underneath, below*

deber: — + inf. *must, to have, ought;* — de + inf. *must; to be committed* + inf. —se a *to be due to*

debido a *due to*

débil *weak; feeble*

decantar *to exaggerate*
decidir *to decide;* —se *to make up one's mind*
decir *to say, to tell, to indicate, to mention*
declararse *to let one's feelings be known*
declinar *to descend*
decoro *respect*
decoroso *respectful, decent*
decreciente *diminishing*
dedicarse (a) *to devote oneself to*
dedo *finger*
defender (ie) *to defend*
defensor *m. and f.* *defender*
definir *to define, to describe*
deformar *to deform*
defraudar *to spoil*
deglutir *to swallow*
degollar (üe) *to cut in the throat*
degradante *degrading*
dejar *to leave; to drop off;* — + *inf.* to let + *inf., to permit* + *inf.;* — caer *to drop, to let fall;* — de *to stop, to cease* + *pres. p.;* —se + *inf. to allow oneself* + *inf.; to allow oneself to be* + *p.p.*
delante *adv.* *in front, before, ahead*
delantero *front*
deletrear *to spell*
delgado *skinny*
delicado *delicate*
delirio *delirium, frenzy*
demás: por lo — *besides;* los — *the others*
demasiado *too much*
demorar *to delay*

demostrar (ue) *to demonstrate*
denotar *to express, to show*
dentro *adv.* *inside, within;* — de *inside, within;* por — *on the inside, inwardly*
depender (de) *to depend on or upon*
derecho *right*
derivar (de) *to derive (from)*
derramar *to pour; to shed*
derrengar *to break the back of; to bend*
derrota *defeat*
derrotar *to defeat*
desabrochar *to unbutton*
desangrar *to bleed*
desaparecer (zc) *to disappear, to vanish*
desaparecimiento *disappearance*
desapercibido *unnoticed*
desarrollar *to develop, to unfold*
desarrollo *development*
desayuno *breakfast*
desbordante *adj.* *overflowing*
descalabradura *wound, bump; cut*
descalzo *adj.* *barefoot*
descansar *to rest*
descanso *rest*
descendencia *descent*
descender (ie) *to go down; to descend*
descifrar *to decipher; to decode*
descolgar (ue) *to take down, to unhook*
descolorido *faded; pale*
desconocer (zc) *to ignore;*

to not know

desconocido *unknown*

desconsiderado *inconsiderate*

desconsuelo *grief, sorrow*

desconyuntar *to dislocate*

descubrir *to discover*

descuidar *to neglect*

desde *prep.* *from, since;* — entonces *from then on; since then;* — que *ever since*

desdeñoso *contemptuous*

desdichado *wretched*

desear *to wish, to desire;* — + *inf. to desire, to wish* + *inf.*

desempeñar *to play (a role)*

desencadenar *to unchain*

desengaño *disappointment*

desenlace *m.* *outcome; denouement; ending*

deseo *desire, wish*

desesperación *despair, despondency*

desesperado *hopeless, despairing*

desesperanza *despair, hopelessness*

desesperanzado *hopeless*

desesperanzarse *to lose hope, to despair*

desfalco *embezzlement*

desfondar *to knock the bottom out of*

desfoque *m.* *indistinctness; being out of focus*

desgraciado *unfortunate, unhappy*

deshojar *to defoliate; to strip the leaves off a tree*

deshonra *disgrace, dishonor*

desierto *adj.* *deserted*

desilusionar *to disappoint*

desinflar *to deflate, to let off steam*

desmantelado *dilapidated*

desmayarse *to faint*

desnudar *to undress*

desnudez *f.* *bareness, nakedness*

desnudo *bare*

desolador *desolating*

desorden *disarray*

desordenar *to disarrange*

despacio *slow*

despacho *office*

despatarrar *to dumfound; to lie motionless*

despedirse (de) (i) *to say goodbye (to)*

despertar (ie) *to awaken, to wake up; to stir up*

desplomarse *to fall, to collapse*

despreciar *to scorn*

desprecio *scorn, contempt*

después *adv.* *after, afterwards*

destacarse *to stand out*

destinado *reserved*

destino *fate*

destrabar *to detach, to loosen*

destrozar *to destroy, to shatter*

desvalido *helpless*

desvanecer (zc) *to faint*

desvergüenza *shamelessness*

detener *to stop, to hold back;* —se *to stop, to pose*

detenidamente *thoroughly, at great length*

detenido *hesitant, timid*

deudo *relative*

devolver (ue) *to return*
día *day, daylight;* al otro —
on the following day; al —
siguiente *on the following
day, the next day*
diariamente *daily, every day*
dicha *happiness*
dicho *saying, expression*
diente *m. tooth*
diferencia *discrepancy*
difunto *(recently) deceased*
difuso *distant, diffuse*
digno *worthy;* — de + *inf.
worthy of* + *pres. p.*
diligente *prompt, quick*
dinero *money*
dique *m. dock*
dirigir (j) *to direct; to address*
—se a *to speak to; to be di-
rected to*
discurso *speech*
discutir *to discuss, to argue*
disfrazar *to disguise, to mis-
represent*
disgustarse *to become dis-
pleased*
disgusto *to disgust, annoy-
ance; trouble*
disipar *to dispel, to disappear*
disminuir *to diminish, to
decrease*
disparar *to shoot*
disparate *m. foolish remark;*
—s *nonsense*
disponer *to dispose, to ar-
range, to decide*
distender (ie) *to stretch, to
distend*
distinguido *refined*
distinto (de) *different (from)*
distraerse *to amuse oneself;*

to have a good time
diván *m. sofa*
diverso *different;* —s *several,
many*
dividir *to divide;* —se *to divide, to separate*
divisar *to see, to catch sight
of*
doblar *to bend*
docena *dozen*
doler (ue) *to hurt, to pain*
dolor *m. grief, sorrow;
suffering*
doloroso *painful*
domicilio *residence*
dominar *to dominate; to
control; to refrain*
dominio *control*
dormir (ue, u) *to sleep;* —se
to fall asleep
dormitorio *bedroom*
dosis *f. dose*
dote *f. dowry*
duda *doubt;* sin — *beyond
doubt; no doubt*
dudar (de) *to doubt*
dueño *owner*
dulce *adj. sweet; pleasant*
dulzura *sweetness*
duro *hard*

e

echar *to throw; to throw
out, to toss;* — al correo *to
mail;* — un trago *to take a
drink;* — un vistazo *to glance;
to cast a glance;* —se *to throw
oneself;* —se de ver *to be easy
to see*
edad *age*

educarse *to be trained*
efecto *effect; end;* en — *in fact*
eficacia *efficiency*
efusión *shedding, effusion*
efusivo *exaggerated*
egoísmo *selfishness*
ejecución *carrying out*
ejecutar *to execute, to carry out*
ejemplo *example;* por — *for instance, for example*
ejercicio *exercise;* hacer — *to take or do exercise*
elegante *elegant; stylish*
elegir (i) *to choose*
elevar *to raise, to put up;* —se *to rise*
ello:* por — *for that reason*
embadurnar *to smear, to daub*
embarazoso *embarrassing, awkward*
embargo:* sin — *nevertheless, however*
embestida *attack, assault*
embestir (i) *to attack*
emborracharse *to get drunk*
embriaguez *f.* *drunkenness, intoxication*
emitir *to give off, to emit*
emoción *emotion, feeling; tension*
empapar *to soak;* —se *to saturate*
empezar (ie) *to begin, to start;* — a + *inf.* *to begin* + *inf.*
empleado *m. and f.* *employee*
emplear *to use;* bien empleado *well deserved; worth while*
empleo *job*
emponzoñar *to poison*

emprender *to undertake*
empresa *undertaking*
empujar *to push*
enamorado *lover, sweetheart*
enamorarse (de) *to fall in love (with)*
encadenar *to chain; to bond, to tie down*
encajar en *to fit in*
encantado *enchanted*
encanto *charm, attraction*
encararse con *to face, to stand up to*
encargarse de *to take charge of;* — de que *to see to it that, to make sure that*
encargo *request, order*
encender (ie) *to light, to light up; to kindle*
encendido *red*
encerrar (ie) *to enclose*
encima *above;* por — de *over*
encoger (j) *to contract; to hunch over;* —se de hombros *to shrug one's shoulders*
encontrar (ue) *to find; to meet;* —se *to be;* —se con *to meet, to discover*
enderezarse *to straighten up, to stand up*
enfermedad *sickness, illness*
enfermarse *to become ill*
enfermo *adj.* *sick, ill*
enfoque *m.* *approach*
enfrente *adv.* *in front, opposite;* — de *in front of;* la casa de — *the house opposite; the house across the street*
engañar *to deceive*
engendro *monstrosity*
enjalbegar *to whitewash*

enlutado *dressed in mourning*

enormidad *enormity, huge-ness*

enrojecer (zc) *to redden*

enroscarse *to coil*

ensalada *salad*

ensayista *m. and f.* *essayist*

ensayo *essay*

enseñar *to teach;* — a + *inf. to teach how* + *inf.*

enseres *m.pl.* *household goods, utensils*

entender (ie) *to understand;* dar a — *to insinuate*

entero *entire, whole;* por — *wholly, completely*

entonces *then, and so*

entornar *to leave or set ajar*

entrada *entrance*

entrar *to enter, to go in;* — en *to enter*

entrecejo *space between the eyebrows;* plegar el — *to frown*

entrega *delivery;* hacer — *to deliver*

entregar *to hand over, to deliver*

entretanto *meanwhile, mean-time*

entretenido *amused*

entretenimiento *amusement, entertainment*

entusiasmo *zest, excitement*

enviar (í) *to send*

envolver (ue) *to wrap up*

episodio *incident, episode*

época *period, time, age*

equilibrio *balance*

equivocación *mistake*

equivocarse *to be mistaken,*

to make a mistake

error *mistake*

esbelto *graceful, slender*

escala *stepladder*

escalera *stairway, stairs*

escalofriante *chilling, hair-raising*

escándalo *outrage;* causar — *to make a scene*

escapar *to escape, to get away; to free;* —se *to flee, to get away*

escarbar *to scratch up*

escena *episode*

escocer (ue) *to sting; to feel a sharp burning pain*

escoger (j) *to choose*

escena *stage*

escondrijo *hiding place*

escribir *to write*

escritor *m.* *writer*

escritorio *writing desk; office*

escuchar *to hear, to listen to*

escueto *plain, unadorned*

escupir *to spit out*

esfuerzo *attempt, effort*

espada *sword*

espalda *back; shoulder;* a la — *behind*

espantoso *fearful, dreadful*

especie *f.* *kind, sort*

espejo *mirror*

esperanza *hope, expectation*

esperar *to wait; to hope for;* — a que *to wait until;* —se *to wait*

espeso *thick*

espiar *to spy; to watch*

espina *thorn*

espíritu *m.* *spirit, soul, mind*

esplender *(poetic) to shine*

espléndido *magnificent*

esposo *husband;* esposa *wife*

espuela *spur*

espuma *foam*

esquina *corner*

establecerse (zc) *to take up residence*

establecimiento *place*

estadista m. *statesman*

estado *state, condition*

estampido *explosion*

estancia *dwelling; stay*

estandarte *banner*

estanque m. *pond*

estar (oy, u) *to be;* — satisfecho *to be happy;* — seguro *to be sure;* — por *to be about to*

estético *aesthetic*

estilizado *stylized*

estrago *havoc*

estratagema *stratagem*

estrecho *narrow*

estrepitoso *noisy*

estudiar *to study*

estupefacto *motionless*

etapa *stage*

etéreo *ethereal*

evitar *to avoid*

evidente *obvious*

evocar *to evoke*

exaltado *overexcited; elated*

examinar *to examine, to inspect*

exasperar *to lose patience, to get exasperated*

exclamar *to cry out*

excursión *outing*

excusarse *to beg pardon*

exhibición *display, show*

exigente *demanding, bossy*

exigir (j) *to demand*

exilio *exile*

éxito *success*

expediente *record, proceedings*

experimentar *to experience, to feel*

expiar (ío) *to atone for*

explicación *explanation*

explicar *to explain*

explotar *to explode*

exponer *to expound;* —se a *to expose oneself to*

exposición *exhibition, show*

expresarse *to express oneself*

extasiar (ío) *to delight*

extenderse (ie) *to extend, to spread out*

exterminio *extermination*

extraño *strange, odd*

extranjero *foreigner; adj. foreign*

extraño *loss*

f

fabada *bean soup: pork and beans*

fábrica *factory, plan*

fabricar *to invent, to devise*

fábula *fable*

facultad *skill*

faena *work*

falta *lack, absence;* hacer — *to need, miss*

faltar *to be lacking, missing; to need*

fallecer (zc) *to die*

fama *fame, reputation, rumor;* es — *it is rumored, it is said*

fantasma m. *phantom*

fasto *day or event of pomp and pageantry*
fatalidad *fatality, fate, misfortune*
febril *feverish*
fecha *date, day*
fechar *to date*
fecundar *to make fertile*
felicidad *happiness, good luck*
feliz *happy, lucky*
feo *ugly*
fervoroso *fervent*
fichero *filing cabinet*
fiebre *f. fever*
fijar *to fix, pay attention, notice*
fijo *fixed, firm*
fila *rank*
filete *m. fillet of meat or fish*
filósofo *philosopher*
fin *m. end, purpose;* en — *finally, in short, well;* por — *finally, in a word*
final *m. end*
finlandés *Finnish*
finura *excellence, fineness, courtesy, politeness*
firma *signature*
firmar *to sign*
firme *firm, staunch, unswerving, steady*
firmeza *firmness, constancy*
flaco *thin, skinny, weak*
flamenco *the Spanish gypsy style of dance (characterized by stamping, clapping, etc.) or music (typically very emotional and mournful)*
fleco *fringe*

flojo *limp*
flor *f. flower, blossom;* echar — *to say something nice;* a — de *near the surface of*
flotar *to float*
fonda *inn, restaurant*
fondo *bottom, depth, back, rear, background;* tener buen — *to be good-natured*
forjar *to forge, build*
forma *form, shape, way, format*
formar *to form, train, educate*
fortaleza *fortitude, strength, fortress, stronghold*
forzar (ue, c) *to force*
fosco *cross, sullen*
foso *pit, hole, moat*
fracaso *failure, collapse*
francés *French*
frase *f. phrase, sentence*
frenesí *m. frenzy*
frente *f. brow, forehead, face, head, front; m. front;* de — *forward*
fresco *fresh, cool*
frescura *freshness, coolness, unconcern, cheek*
frialdad *coldness*
fricción *rub, massage*
frijol *m. bean*
frío *cold, frigid, weak;* tener — *to be cold (person)*
frito *p.p. of* freír *fried*
frondoso *leafy, woodsy, shady*
fruición *enjoyment, gratification, evil satisfaction*
fruncir (z) *to contract, wrinkle*

fuego *fire, light*
fuente *f. fountain, spring*
fuer: a — de *as a, by way of*
fuera *out, outside, away;*
de — *outside;* por — *on the outside*
fuerte *strong, bad, severe, heavy, hard, loud, intense*
fuerza *force, strength, power;*
a — de *by dint of*
fulgir *to shine*
fumar *to smoke*
función *function, operation, show, performance*
funcionar *to function, work, run*
fundar *to found, base*
fúnebre *funereal, gloomy*

g

galán *m. good-looking man, suitor, lover*
gallego *from Galicia, a region in northwest Spain*
gallera *cockpit (for cock fighting)*
gallina *hen*
gana *desire;* darle a uno la (real) — de + *inf. to feel like* + *pres. p.*
ganar *to earn, gain, win*
garganta *throat, neck*
gaseoso *gaseous, gassy; f. soda water, carbonated water*
gastar *to spend, waste, use up*
gatillo *trigger, cock (of gun)*
gato *cat*
gazpacho *cold vegetable soup*
gemido *moan, groan, wail*

gente *people, population*
geómetra *m. and f. geometrician*
gerente *m. manager, director*
gesto *face, grimace, gesture*
gilipollez *m. foolishness*
girar *to turn, rotate*
giro *turn, rotation, gyration*
gitano *gypsy*
goce *m. enjoyment*
golosina *sweet, delicacy*
golpe *m. blow, hit*
golpear *to strike, hit, beat*
gordo *fat, plump, big, large*
gordura *fatness, corpulence*
gota *drop*
gozar (c) *to enjoy;* —se *to enjoy oneself*
gracia *grace; pl. thanks*
grado *step, grade, degree*
grande *big, large, great*
granizo *hail, hailstones*
grifo *faucet*
grillo *cricket*
gris *gray*
gritar *to cry out, shout*
grito *cry, shout, scream*
grosero *gross, rough, crude*
grueso *big, heavy, thick*
guadarramo *mountains in Spain*
guapo *good looking, handsome*
guaraníes *Indian tribe in South America*
guardar *to guard, keep, preserve, watch*
guardia *guard;* — civil *rural police*
guerra *war, conflict, struggle*
guerrero *warrior, soldier*
guía *guidebook*

guión m. scenario
gula gluttony
gusano worm, maggot
gustar to taste, try, test, like, please
gusto taste; a — at will, in comfort

h

haber to have; — de + inf. must, to be + inf.; hay there is; había there was; no — que + inf. to be unnecessary + inf.; — que + inf. to be necessary + inf.; hace ago
hace ago
habitación house, room
habitante inhabitant, resident
hablar to speak, talk
hacer to make, do; desde hace for; —se to become
hachazo blow with an axe
hacia toward, near, about
hallar to find
hamaca hammock
hambre hunger, famine, starvation
hambriento hungry
hasta adv. even; prep. until, till, to, as far as, up to, down to, as much as; — que until
hazaña deed, feat, exploit
hechicería sorcery, witchcraft
hecho p.p. of hacer fact, deed, act, matter, event
helado icy, cold
helar (ie) to freeze, congeal, harden
hendidura cleft, crack, split
herencia inheritance, heritage

herida injury, wound
herido hurt, wounded, injured or wounded person
herir (ie, i) to hurt, injure, wound
hermano — brother
hermético airtight, impenetrable
hermoso beautiful, handsome
hermosura beauty
herramienta tool, tools
Hesperia ancient Roman name for Spain
hiedra ivy
hiel gall, bile, bitterness, sorrow
hielo ice
hierro iron
hijo — child, son
hilera row, line
hinchado swollen
hispano Spanish
historia history, story, tale
historieta anecdote, brief account
hogar m. hearth, fireplace, home
hoja leaf, page, sheet
hojarasca fallen leaves, dead leaves, trash, rubbish, vain show, bluff
¡hola! hello
hombre m. man
hombro shoulder
hondo deep, low
honrado honest, honorable
hora hour, time
horcajadas astride, astraddle
horror horror; atrocity
horrorizar (c) to horrify
horroroso horrid, horrible

hoy *today*

hueco *hollow, soft*

huelga *strike, rest, leisure, recreation, merrymaking*

huérfano *orphan*

huerta *garden*

huerto *garden, orchard*

hueso *bone*

humano *human, humane*

humilde *humble*

humillar *to humiliate, humble*

humo *smoke*

hundirse *to sink*

hurtarse *to withdraw, hide*

i

Iberia *old name of the peninsula comprising Spain and Portugal*

idiota *idiotic; m. and f. idiot*

idiotismo *ignorance, idiocy*

idisch *Yiddish*

iglesia *church*

ignorar *not to know, to be ignorant of*

igual *equal;* al — que *as, like, while, whereas;* — que *as well as*

igualdad *equality*

igualar *to be equal to*

ijar *m. flank (of an animal)*

imagen *f. image, picture*

impasible *impassible, impassive*

imperio *empire*

impiedad *pitilessness, impiety*

implicación *contradiction, implication, complicity*

imponer *to impose*

importar *to be important; to matter*

impreciso *imprecise, indefinite*

imprescindible *essential*

improcedente *not right, unfit, untimely*

improviso *unexpected, unforeseen;* de — *unexpectedly, suddenly*

impuesto *p.p. of* imponer *imposed*

inadvertido *inadvertent, unwitting*

inaugurar *to inaugurate, unveil*

incapaz — *incapable, unable*

inclinar *to incline, bend, move*

inclusive *adv. inclusively*

incluso *adv. besides, including, even*

inconcluso *unfinished*

inconexo *unconnected, disconnected, irrelevant*

inconfesable *unconfessible*

inconfundible *unmistakable*

inconveniencia *inconvenience, impropriety*

incorporarse *to incorporate, to sit up, to get up (from reclining position)*

increíble *incredible*

índice *m. index*

indígena *indigenous; m. and f. native*

indigenista *indigenous*

indignar *to anger, irritate, make indignant*

indigno *unworthy, contempt-*

ible

indisposición *disagreement, unpleasantness, indisposition*

inequívoco *unequivocal, unambiguous*

inerte *inert, slow, sluggish*

inesperado *unexpected, unforeseen*

inexpugnable *impregnable, firm*

infame *infamous*

infeliz *unhappy*

inferior *inferior, lower*

ínfimo *lowest, most abject, meanest, vilest*

influir (y) *to influence*

informe *m. item of information, notice, report*

infructuoso *unfruitful, unprofitable*

infructuosidad *unfruitfulness*

ingenio *wit, cleverness, skill*

ingente *huge, enormous*

ingenuo *ingenuous, artless, naive*

ingerir (ie) *to ingest, swallow*

ingles *English*

ingresar *to enter*

iniciador *initiator*

iniciar *to initiate, begin*

injuriar *to insult, injure*

inmediato *immediate, adjoining, close*

inmóvil *unmoved, motionless, constant, firm*

innovador *innovating*

inquietar *to disquiet, worry, stir up, excite; —se por to get upset about, to worry about*

inquieto *anxious, worried, restless*

inquietud *disquiet, uneasiness, concern*

insaciable *insatiable*

inscribirse *to register, enroll*

insensato *insensate, foolish, blind*

insidia *ambush, plotting*

insinuar *to insinuate*

insultar *to insult; to attack violently and unexpectedly*

interponer *to interpose*

interrumpir *to interrupt*

intervenir (g, i) *to intervene, intercede*

íntimo *intimate, innermost*

inundar *to inundate, flood*

inutilidad *uselessness*

invierno *winter*

invocar (qu) *to invoke*

inyectar *to inject*

ir *to go; — a + inf. to be going + inf.; —se to go away*

j

Jalisco *state in western Mexico*

jamás *adv. never*

jaramago *hedge mustard*

jardín *m. garden, park*

jarrica *large pitcher*

jarro *pitcher*

jaula *cage*

jefe *m. chief, leader, head, boss*

jilotear *to harvest*

jondo *deep*

jota *Spanish dance*

joven *young; m. and f. young person*

judío Jewish; m. and f. Jew
juego play, playing, game
juez m. judge
jugador m. player
jugar (ue, u) to play
juntar to get together, join, unite
junto adj. joined, united; — a near, close to; — con along with, together with; —s together
juntura joint, seam
jurar to swear
juvenil juvenile, youthful
juventud youth

l

laberinto labyrinth, maze
labio lip
lado side, direction; por todos —s on all sides
ladrar to bark
ladrido bark, barking
ladrillo brick, tile
ladrón thieving; m. and f. thief
lágrima tear
lagrimón m. big tear
langosta locust
lanzar (c) to launch; —se to hurl or throw oneself, to dash, jump
largo long, generous, quick, ready; largos long, many
lástima pity, complaint
lavar to wash
lazo bow
lealtad loyalty, fidelity, devotion
lección lesson

leche f. milk
lector reader
lectura reading
leer (y) to read
legar (u) to bequeath
legua league; de muchas —s far, far away
legumbre vegetable
lejano distant, remote
lejanía distance, remoteness
lejos adv. far
lema m. slogan, motto
lengua tongue
lenguaje m. language
lento slow
les to them, to you; them, you
letargo lethargy
letra letter; —s letters (literature)
levantar to raise, lift; —se to get up, stand up
ley law
leyenda legend
liberar to free
libertario for liberation or freedom, anarchistic
libre free
libro book
lienzo front (of a wall or building)
liga bond, union
ligar (u) to bind
ligero light
limbo edge
limón m. lemon
limosna alms
limpiar to clean, clean out
limpidez f. clarity, simplicity
limpio clean, tidy
lindar to border, adjoin

línea *line*
lío *muddle, mess;* armar
  un — *to raise a row, to stir
  up trouble*
liso *smooth, plain, unadorned*
lívido *livid*
loco *crazy, wild*
locura *madness, insanity,
  folly*
lograr *to get, obtain, attain,
  produce;* — + *inf. to succeed
  in* + *pres. p.*
loro *parrot*
losange *m.* *diamond, lozenge*
lucha *fight, struggle*
luchar *to fight, struggle,
  quarrel*
luego *adv.* *soon, at once, then*
luenga *long*
lugar *place, position, spot,
  room, village*
lumbre *f.* *fire, light*
luna *moon, moonlight*
luto *mourning*
luz *f.* *light, opening*

ll

llaga *cause of pain or sorrow,
  wound, sore, torment*
llamar *to call, summon, call
  upon;* —se *to be called or
  named*
llamarada *sudden blaze, flash*
llano *plain*
llanto *weeping, crying*
llanura *plain, smoothness,
  evenness*
llegar (u) *to arrive, happen,
  reach, amount, be equal;* — a

+ *inf. to succeed in* + *pres. p.
  to get* + *inf.*
llenar *to fill, fulfill, satisfy;*
  —de *to be overwhelmed with*
llenadero *bearable, tolerable*
llevar *to carry, take, wear,
  lead, suffer*
llorar *to cry, weep, mourn*
llover (ue) *to rain*
lluvia *rain*

m

maceta *flowerpot*
macizo *sturdy, massive*
machismo *male chauvinism*
madera *wood*
madre *f.* *mother*
madrileño *from Madrid*
madrugada *dawn*
madrugar *to rise early*
maestra: obra — *masterpiece*
maestría *mastership, skill*
maestro *teacher; expert*
mágico *magical*
maíz *m.* *corn*
majestuoso *majestic*
mal *m.* *evil; adj. and adv. bad,
  badly;* decir — *to be wrong;*
  — humor *bad mood;* mala palabra *dirty word;* menos — *luckily;*
  pasar — *to have a hard time*
maldad *wickedness*
maldecir *to curse*
maldito *adj.* *accursed*
malestar *m.* *uneasiness*
malo *adj.* *bad;* —s pasos *bad
  habits, evil ways; coll.* ver de —
  (en) *to see wrong (about)*
malva *adj.* *pale violet, color of
  the mallow flower*

manar *to spring from*

manchar *to stain, soil*

mandar *to give orders, command; to send;* — hacer (algo) *to have (something) done;* — hacer (algo) a (alguien) *to have (someone) do (something);* — + *inf.* + *obj. to have* + *obj.* + *p.p.*

mañana *morning; tomorrow;* muy de — *very early in the morning*

manejos *pl.* *stratagems, artifices*

manera *way, manner:* a — (de) *in the style (of);* de — que *in such a way, so that*

mangas: en — de camisa *in shirt sleeves*

mano *f.* *hand;* ir de la — de alguien *to walk holding someone's hand;* tener entre —s (algo) *to be working on (something)*

mañoso *clever, skillful*

manta *light blanket*

manteca *grease, fat; butter*

mantener *to keep, maintain*

mantenimiento *maintenance*

manto *large cloth head covering, large mantilla*

mantón *m.* *large cloak, kind of shawl*

mar: un — de + *n.* *coll. a lot of* + *n.*

maravilla *marvel*

maravilloso *wonderful, marvelous; imaginary, not real*

marcado *adj.* *clear, obvious*

marcar *to indicate, to show*

marcha *progress;* en — *in progress;* ponerse en — *to start off*

marchar *to work, to progress;* —se *to leave*

marchitarse *to wither*

margarita *daisy*

mariachi *traditional Mexican music*

marido *husband*

marinero *sailor*

martillazo *hammer blow*

mas *conj.* *but, yet*

más *adv.* *more, most;* a lo — *at (the) most;* a — de *besides;* cuanto — . . ., (tanto) — . . . *the more. . . the more. . .;* lo — + *adj. the most* + *pres. p.* + *thing;* — allá *farther;* — o menos *more or less;* — vale *it is better;* no + *v.* + — + que *v.* + *only;* no. . . — *not . . .any longer;* ¡no faltaba—! *coll. that is too much!;* no (or nada) — *hardly, as soon as*

masa *mass, crowd*

masticar *to chew*

mata *plant, stalk*

matar *to kill*

materia *matter; subject matter*

matorral *m.* *thicket*

matrimonio *marriage; married couple*

mayor *adj.* *greater, larger; oldest; n. first child*

mayorcito *mature child, usually refers to an adolescent*

mayoría *majority*

mazorca *ear of corn*

mecer *to wave, agitate*

medianoche *f.* *midnight*

mediar: al — la noche *in the middle of the night*

médico *doctor*

medida *n.* *measurement;* a — que *in proportion as*

medio *adj.* *half; n. middle,*

center; way, means; por — de by means (of)

medios *pl.* *means*

medroso *frightening, terrible*

mejilla *cheek*

mejor *adj. and adv.* *better, best*

mejoramiento *improvement*

mejorar *to improve*

mellizo *twin*

momento: un — *a little while*

mención: hacer — *to mention*

mendigo *beggar*

menear *to wag*

menester: ser — *to be necessary*

menor *adj.* *least, slightest;* n. *minor; youngest, last child;* en — grado *in a lesser degree*

menos *except, less, but;* cuando (*or* al) — *coll. at least;* — mal (que) *luckily, fortunately;* ni — *even less*

menta *peppermint*

menudo: a — *often*

merecedor *one deserving reward or punishment*

merecer (zc) *to deserve*

merendar (ie) *to have a light meal in the afternoon, usually around five*

merienda *afternoon light meal*

mes *m.* *month;* al — de + inf. *a month after + pres. p.*

mesa *table;* — de luz *night table*

mesita *dim. of* mesa

mestizo *adj.* *person born of parents of diferent races*

meter *to insert;* —se (en) *to*

get involved (in), to intervene (in); — algo a alguien *to give somebody an idea;* a los niños. . .cuerpo *to make the children walk such a long distance*

metro *meter*

mezcla *mixture*

mezclar *to mix, blend*

miedo *fear*

miembro *member; limb*

mientras *adv. and conj.* *while, when;* — tanto *meanwhile*

milagro *miracle*

milagroso *miraculous*

milpa *cornfield*

mimo *fondness, indulgence*

minucioso *adj.* *complete, exhaustive*

minuta: minuta de la comida *menu*

minutero *minute hand of a clock or watch*

míos: los — *my family*

mirada *glance, view*

mirar *to look, observe, examine*

misa *mass*

mismo *adj.* *self, very; same, similar*

mitad *half;* en — de *in the middle of*

modernismo *literary trend in vogue around the beginning of this century*

modernista *adj.* *related to* modernismo

modismo *idiom*

modo *way, manner;* de — que *so that*

mojar *wet;* —se *to get wet*

molestar   *to bother, annoy*
molino: — de viento   *windmill*
moneda   *coin*
mono *adj. coll.   nice, pretty*
montaña   *mountain*
montar   *to mount; to board*
monte *m.   forest; hill*
montón   *crowd; pile*
morado *adj.   mulberry-
   colored, vïolet*
morbidez *f.   morbidity; softness, mellowness of tint*
morder (ue) —se la lengua *to
   bite one's tongue; —se los
   labios to bite one's lips*
moribundo *adj.   dying*
morir (se) (ue)   *to die; —se de
   hambre to starve*
morisma   *multitude of Moors*
moro *adj. and n.   Moor,
   Moorish*
mortificar   *to hurt, humiliate;
   —se to punish oneself*
mostrar (ue)   *to show, demonstrate; —se to appear*
motivar   *to cause*
motivo   *cause, reason; motif,
   theme*
mover (ue)   *to move; to mo-
   tivate; —se to move oneself*
movimiento   *movement*
mucho *adj. and adv.   much,
   many; por — tiempo for a
   long time*
muchacho   *lad, young man*
muchedumbre *f.   multitude,
   crowd*
mudar   *to change*
mueble *m.   piece of furniture*
muerte *f.   death*
muerto *p.p. of* morir; *adj. and*

n. dead
mugir (j)   *to roar; figurative
   to scream*
mujer *f.   woman; wife*
mulo   *mule*
múltiple   *manifold, many*
mundial *adj.   universal, world-
   wide*
mundo   *world;* todo el —
   everybody
muñeca *n.   wrist*
muñón *m.   stump of an
   amputated arm or leg*
murciélago   *bat*
murmullo   *whisper, lament*
murmuración   *gossiping*
murmurar   *to whisper, mutter*
muro   *wall*
museo   *museum*
mutuo *adj.   mutual, reciprocal*
muy *adv.   very, greatly;* — de
   mañana *very early in the
   morning;* desde — lejos *from
   far away;* ser — de noche
   *coll. to be very late at night,
   to be very dark*

n

nacer (zc)   *to be born; to
   grow*
nada *indef. pron.   nothing,
   not. . .anything;* — más + *inf.
   or v. hardly, as soon as;* —
   más que por eso *only because of that*
nadie *indef. pron.   nobody,
   not. . .anyone*
narrar   *to narrate, to relate*
natal *adj.   native*
natural   *natural, normal;* ser —

to be normal, natural
naturaleza nature
necesitar to need
negar (ie) to deny, refuse
negro adj. black, dark
nieto grandson; —s grand-
children
nieve f. snow
ningún adj. apocopated form
of ninguno
ninguno indef. adj. and pron.
no, not. . .any, no one, none
nítido adj. bright, shining
nivel m. level
niñera babysitter
niño little boy, child; —s
children
noche f. night; al mediar la —
in the middle of the night,
around midnight; ser muy —
coll. to be very dark, to be
very late
nómada adj. nomad
nombrar to appoint; to
name
nombrarse reflex. v. to be
named, called
nombre m. name; — de pila
Christian name
noreste m. northeast
norte m. north
notable adj. remarkable,
excellent
notar to notice; —se to be
observed, noticed
noticia f. notification, com-
munication; —s news
novedad novelty; no haber —
to have no special news
novelesco adj. novelistic
nube f. cloud

nubecita diminutive of nube
nublado n. figurative multitude, huge crowd
nuca nape of the neck
nudillo n. knuckle, finger-
joint
nuevo adj. new; de — again,
over
número number
numeroso adj. numerous, big
nunca adv. never, not. . .ever

o

obedecer (zc) to obey
obligado adj. required,
essential
obligar to force
óbolo alms, charity
obra n. work; — maestra
masterpiece
obrar: — bien to do good
works
obrero worker
obsesionar to obsess
obtener to obtain, get;
—se (de) to be obtained
(from)
ocultar to hide, conceal,
keep secret
oculto adj. hidden
ocupar to occupy; — un empleo to hold a job
ocurrir to happen, take place;
—sele (a uno) hacer algo to
think of doing something
odiar to hate
odio hatred
oeste m. west
oficina office; — de correos
post office

ofrecer (zc)   *to offer, present*
ofuscar   *to confuse*
oído: prestar — (a)   *to pay attention (to)*
oír   *to hear; to listen*
ojalá (que) *interj.   would that, I hope that*
ojén *n.   a variety of aniseed brandy*
ojeroso *adj.   having rings around the eyes*
ojo   *eye*
oler (hue)   *to smell*
olor *m.   scent, odor*
olvidar (se)   *to forget*
ondear   *to undulate*
ondulante *adj.   undulating*
opaco *adj.   opaque; gloomy*
opinar   *to think, be of an opinion*
oprobio   *insult, disgrace*
optar (por)   *to choose*
opuesto *adj.   opposite*
ora. . .ora *conj.   now. . .now*
oración   *prayer*
orden *f.   order, command*
ordenar   *to command*
oreja *n.   ear;* ponerse colorado hasta las —s   *to turn as red as a beet (literally to blush all the way to the ears)*
orfelinato   *orphanage*
orgullo   *pride*
orientar   *to direct, conduct;* —se (hacia) *to go, be oriented (toward)*
orilla   *edge, border*
oro   *gold*
oscurecer (zc)   *to get dark*
oscuridad   *darkness*
oscuro   *dark*

otoño   *autumn*
otro *adj.   another, other;* al — día *the next day;* algunos que —s *some, a few;* entre otras cosas *among other things;* otra vez *again, over;* uno a(l) — *reciprocally, to each other;* unos y —s *all, everyone*
oveja   *ewe, female sheep*
oyendo *pres.p. of* oír

p

paciente *adj.   patient, forbearing*
padecer (zc)   *to suffer*
padre *m.   father;* —s *parents*
pagar   *to pay*
país *m.   country*
paisaje *m.   landscape*
paisano   *fellow countryman; among soldiers, refers to a civilian*
pájaro   *bird*
palabra   *word;* malas —s *dirty words*
paladar *m.   palate*
paleta   *palette*
pálido *adj.   pale*
palma   *palm of the hand*
palmadita   *slight slap with the palm of the hand*
palmo   *measure of length (just over right inches)*
palmos: a dos — (de)   *very close (to)*
paloma   *dove*
pan *m.   bread*
pantalón, pantalones *m.   pair of trousers*

paño: — de lágrimas *figurative-ly, a person who listens to or helps others with their problems (literally, crying cloth)*

pañuelo *handkerchief*

papel *m. paper; role*

papo *n. double-chin*

par *n. pair;* no tener — *to be matchless, unique*

para *prep. for, to, toward;* — siempre *forever;* — que *so that;* — arriba y — abajo *up and down;* — + inf. *in order* + inf.

parábola *parable*

parado *adj. erect, standing up*

paradoja *paradox*

paraguas *m. sing. and pl. umbrella*

parar *to stop;* sin — *continually, without stopping;* venir a — *to end up*

parecer (zc) *to appear, seem, look like;* —se *to resemble*

parecer *m. idea, opinion;* cambiar de — *to change one's mind*

pared *f. wall*

paredón *m. thick wall*

pareja *n. couple*

parpadear *to blink*

párrafo *paragraph*

parte *f. part;* en alguna — *somewhere;* en ninguna — *nowhere;* formar — (de) *to be part (of);* la mayor — de *most of;* por — de *on the part of;* por todas —s *everywhere*

particular: tener nada (algo) de — *to have nothing (some-thing) special*

particularidad *peculiarity*

partida *n. bunch, gang;* una — de cafres *a bunch of savages*

partidario *partisan;* mostrarse — (de) *to favor, to be inclined (toward)*

partido *adj. cut open, split*

partir *to cut, split; to leave*

pasadizo *narrow passage, corridor*

pasado *n. past; adj. last, past*

pasar *to pass, go beyond; to spend; to happen; to go by; to elapse;* — bien (mal) *to have a good (bad) time;* — hambre *to go hungry*

pasear (se) *to walk, to take a walk*

paseíto *dim. of* paseo

paseo *walk, excursion*

pasillo *corridor*

paso *footstep, pace; step; passage, way;* de — *on passing by;* no poder dar un — *not to be able to walk a step, to move;* unos —s *a few steps, a short distance;* malos —s *evil ways, bad habits;* abrirse — *to make one's way*

pasta *paste;* — de dientes *tooth paste*

pastor *shepherd*

pastorcito *dim. of* pastor

patada *kick with the foot*

patata *potato*

patente: hacerse — *to become clear*

paterno *paternal*

patetismo *pathetic character*

patio   *court, courtyard*
patizuelo   *small* patio
patria   *fatherland, country*
patricio n.   *patrician*
paz *f.   peace*
pecado   *sin*
pecho   *chest, breast;* a lo
  hecho, — *for what is done,
  accept the consequences
  (literally, put up your chest)*
pedazo   *piece, part*
pedernal *m.   flint*
pedir (i)   *to ask for, demand*
pegar   *to beat; to join;* —
  voces, *to shout, yell*
peldaño   *single step of a
  flight of stairs*
pelea   *fight*
peligrar   *to be in danger*
peligro   *danger*
pelo   *hair*
peludo   *hairy*
pellizco   *pinch*
pena   *pain, affliction; punishment*
penar   *to suffer*
penetrante *adj.   penetrating*
pensador *m.   thinker*
pensamiento   *thought, idea,
  mind*
pensar (ie)   *to think;* — en *to
  think about;* — de *to think
  of;* — + *inf. to intend* + *inf.*
pensativo *adj.   pensive*
pensión   *pension; boarding-
  house*
peña   *rock, large stone*
peor *adj. and adv.   worse,
  worst*
pequeño *n. and adj.   small,
  little; little one*

perder (ie)   *to lose;* —se *to get
  lost*
pérdida   *loss*
perdidamente *adv.   desperately*
perdido *adj.   lost, wasted;* —
  (de) *fam. very dirty, soiled
  (with)*
perdón *m.   forgiveness, pardon*
perecer (zc)   *to die, be de-
  stroyed*
peregrinación   *pilgrimage;
  course of life*
peregrino   *pilgrim*
periódico   *newspaper*
periodismo   *journalism*
periodista *m.   journalist*
periodístico *adj.   journalistic*
peripuesto *adj. coll.   very gay
  or elegant*
perla   *pearl; figurative anything precious or bright*
permanecer (zc)   *to remain*
permiso   *permission*
permitir   *to permit, allow*
pero *conj.   but, yet*
perplejo   *perplexed, un-
  certain*
perra   *female dog; coin*
perro   *dog*
perseguir (i)   *to persecute; to
  chase, go after*
persona   *person, individual;*
  —s *persons, people*
personaje *m.   character*
pertenecer (zc)   *to belong*
perteneciente *adj.   belonging*
pesadamente   *heavily; sor-
  rowfully*
pesadilla   *nightmare*
pesado *adj.   heavy; slow*

pesar *to weigh;* a — de *in spite of*

pescadilla *small hake*

pescuezo *neck*

peso *weight; Spanish-American monetary unit*

pesquisa *inquiry, investigation*

pestaña *eyelash*

piadoso *pious; charitable*

picado: — de viruelas *pitted with smallpox;* pulmón — *pitted lungs (due to tuberculosis)*

picadura *sting, bite*

picar *to bite, sting, prick*

picaresco *adj. roguish, knavish*

pico *beak; top, summit; pickaxe;* abierto a — *opened with a pickaxe*

pictórico *pictorial*

pie *m. foot;* al — (de) *at the foot (of), next (to);* de — *standing up;* en — *standing (up);* en puntas de — *on tiptoe*

piedad *piety, pity*

piedra *stone; gravel;* — de toque *touchstone;* no quedar — sobre — *to be reduced to rubble (literally to remain no stone on top of another)*

piel *f. skin*

pierna *leg*

pijama *m. pajamas*

pila: nombre de — *Christian name*

pileta *swimming pool*

pinar *m. pine forest*

pino *pine*

pintar *to paint, color; to de-* scribe *lively*

pintura *paint; lively description*

piña *n. cluster, gathering; pineapple, pinecone*

pisar *to step on;* no quería que jamás pisaran allí *did not want them to ever set foot there*

piso *floor; story*

pista *trace, track;* — de baile *dance floor*

pitañoso: ojos —s *bleary eyes*

pito *whistle;* el — de las chicarras *the shrill of the cicadas*

pizpireta *adj. lively (woman)*

placer *m. pleasure*

planchar *to iron*

planear *to plan, to draw a plan*

plano *plane*

plantear *to state*

plata *silver; money*

plátano *banana*

plato *dish*

plegar *to fold; to wrinkle*

pleno *adj. full, complete;* a — sol *under the bare sun;* en plena batalla *right in the middle of a battle*

pliego *sheet of paper*

pluma *feather*

población *population*

pobre *adj. and n. poor; needy; humble*

poco *indef. adj. and pron. little, few; adv. little;* — a — *little by little*

podar *to trim; to prune trees*

poder *can, to be able; m.*

power, vigor, strength
poderoso *powerful*
podrido *rotten*
poemario *collection of poems; book of poems*
poesía *poetry*
policíaco adj. *police, crime*
política *politics, policy*
político *political*
polvo *dust*
polvoriento *dusty*
poner *to put, to place; to put on;* — la mesa *to set the table;* —se *to become, to arrive;* no te pongas así *don't get so upset*
por *by; through, over; for;* — completo *completely;* — fin *finally;* — lo tanto *therefore;* — medio de *by means of;* — que *because;* — todos lados *on all sides;* — último *finally;* — + inf. *in order + inf.; because of + pres. p.*
pormenor m. *detail*
porque *because*
portar *to carry;* —se *to behave*
porvenir m. *future*
poseer *to possess*
poste m. *post, pillar*
posterior *back rear; later*
postre m. *dessert*
postrero *last*
poterna *postern*
pozo *well*
practicar *to practice*
precavido *cautious*
preces f.pl. *prayers*
precio *price*
precioso *precious*

precipitarse (en) *to rush (into)*
preciso *precise*
predecir *to predict*
predilecto *favorite*
predominar *to predominate*
preferir (ie) *to prefer*
pregunta *question*
preguntar *to question;* —se *to wonder*
pregunta *to question;* —se *to wonder*
premiar *to reward*
premio *prize, award*
prensa *press*
preocupar *to preoccupy*
prescindir *to leave aside; to do without*
presentir (ie) *to have a presentiment of*
prestar *to lend;* — atención *to pay attention*
presumir *to presume; to boast*
pretil m. *parapet, railing*
prevenir *to prepare*
prever *to foresee*
previsto p.p. of prever
primer *apocopated form of* primero
primero *first*
primo *cousin*
primogénito adj. and n. *firstborn*
primor m. *care; beauty*
principio m. *beginning; principle;* al — *at first*
prisa(s) *hurry, haste*
prisión f. *seizure; prison*
prístino *pristine, pure*
problema m. *problem*
proceder *to proceed*

proceso *process; progress*
procurar *to try*
prodigioso *prodigious; fine*
producir (zc) *to produce*
profundizar *to deepen*
prohibir *to prohibit*
promesa *promise*
prometer *to promise*
pronto *adv. soon; early;*
de — *suddenly*
propiedad *property*
propio *proper; own; him- or*
herself
propósito *purpose; a* — *by*
the way; on purpose
prosista *m. and f. prose writer*
provenir (de) *to come (from)*
provocar *to provoke*
próximo *next, near;* — a + *inf.*
near to + *pres.p.*
proyecto *project*
prueba *proof; test*
publicar *to publish*
público *adj. and m. public*
pudor *m. modesty*
pudrir *to rot*
pueblo *town; people, nation*
puente *m. bridge*
puerta *door*
puerto *port, harbor*
pues *adv. then; anyhow*
puesto *p.p. of* poner; *m. place*
pulmón *m. lung*
punto *point; en* — *sharp, on*
the dot; — de vista *point of*
view
puñetazo *punch (of the fist)*
puño *fist; handful*
pupila *pupil*
pureza *purity*
puro *pure; solid*

q

quebrar (ie) *to break, to*
crush
quedar *to remain, to be*
found
quedo *quiet, gentle*
quehacer *m. work*
quejido *complaint, moan*
quemar *to burn*
querer (ie) *to want; to love;*
— decir *to mean; m. love,*
fondness
querido *p.p. of* querer; *adj.*
dear
quevedos *m.pl. pince-nez*
quieto *quiet*
quirúrgico *surgical*
quitar *to remove*
quizá *adv. perhaps*

r

rabia *rabies; rage, fury*
rabiar *to be furious; to suffer*
great pain
rabioso *furious, fierce, mad*
rabo *tail (of animals)*
radiante *brilliant, shining*
radicarse *to establish or settle*
oneself in a place
raíz *f. root; foundation, origin*
rama *branch, twig*
ramaje *m. mass of branches*
rápido *rapid, quick*
rapto *rapture, ecstasy; kid-*
napping
raspado *scratched*
rasponazo *scratch, scrape*
rastrillo *portcullis; rake*
rastro *trace; trail*
rastrojo *stubble*

rato *while, little while;* al —
after a while; al cabo de un —
after a while; en —s *fam. for
stretches (of time)*

raya *line*

rayo *ray; beam*

raza *race, lineage*

razón *f. reason; cause, mo-
tive;* con — *rightly;* en — de
because of; tener — *to be
right*

razonable *reasonable, fair*

razonar *m. reasoning; v. to
reason*

reabrir *to reopen*

reaccionar *to react*

real *adj. real, true; royal;*
darle (a uno) la —gana de +
*inf. coll. to just feel like +
pres. p.*

realidad *reality; truth;* en —
really, truly

realista *adj. m. and f. realistic;
royalist*

realizar *to carry out, make
real, fulfill;* —se *to be fulfilled,
become a reality*

realmente *adv. truly, really*

reaparecer (zc) *to reappear*

rebanada *slice*

recapitular *to recapitulate*

recargar *to reload;* —se *to reload*

recibir *to receive, get; to
welcome; to experience (an
injury)*

reclamar *to claim, demand*

recobrar *to recover, regain*

recodo *bend, curve*

recoger (j) *to pick, pick up;
to gather, collect*

reconocer (zc) *to recognize;
to acknowledge*

reconocimiento *recognition;
gratitude*

reconquista *reconquest*

reconquistado *adj. regained;
reconquered*

reconvenir *to reproach; to
reprimand*

recordar (ue) *to remember;
to remind*

recorrer *to journey, travel
leisurely; to traverse*

recostar (ue) *to recline, lean
against;* —se *to lean back or
against; to recline*

recova *(poultry) market; shed*

recreo *recreation*

recuerdo *memory, remem-
brance*

recular *coll. to back up, go
backward*

recuperar *to recover, regain;
to recuperate*

recurrir *m. recurrence*

recurso *means, instrument,
method*

recusable *adj. refusable*

rechazar *to reject; to contradict*

redención *redemption*

redimir *to redeem*

redoblar *to duplicate, in-
crease*

redondo *adj. round, circular;*
(distancia) + a la redonda
*(distance) + around; within
+ (distance)*

reducido *adj. limited, reduced*

reencender (ie) *to rekindle*

referencia: hacer — a *to allude, make reference to*

referir *to relate, report;* —se a *to refer, allude, have relation to*

refinado *refined, polished*

reflejar *to reflect*

refrescar *to cool*

refugiar *to shelter;* —se *to take refuge*

refugio *refuge, shelter*

regalar *to give (a present)*

regañar *to scold, reprehend*

regresar *to return*

regreso *return*

rehuir *to reject, refuse*

reír *to laugh;* —se *to laugh;* —se a carcajadas *to laugh loudly, guffaw;* ponerse a — *to start laughing*

relación *relation; relationship, connection*

relacionar· *to relate;* —se *to be related*

relatar *to tell, narrate, relate*

relato *narrative, report; story*

reloj m. *watch, clock*

remangar *to tuck up (the sleeves)*

rematar *to auction off*

remedio *remedy, help; cure;* no tenía — *there was no help for it*

remontarse *to go back (to the origin of something)*

remordimiento *remorse, regret*

remoto *remote, distant*

rencor m. *rancor, grudge*

rencoroso adj. *spiteful, hateful*

rendir (i) *to conquer, surrender; to give up;* estar rendido *to be worn out, very tired*

renglón m. *(written or printed) line;* a — seguido *right after, immediately thereafter*

renombre m. *fame, renown*

renovación *renewal; change*

renovar (ue) *to renew*

renunciar *to give up; to resign*

reñido adj. *hotly contested, hard fought*

reparar *to notice; to repair*

repartidor m. *distributor;* — de cartas *mailman*

repeinado *groomed, well combed*

repetir (i) *to repeat; to rehearse, recite;* —se *to repeat oneself*

repicar *to tap; to ring*

replegar (ie) *to refold;* —se *to fall back, retreat*

reponer *to restore; to replace; to answer;* —se *to recover*

reposar *to rest, repose; to lie down*

represar *to repress; to restrain*

reprobar (ue) *to reject, condemn*

repudiar *to reject, repudiate*

repuesto p.p. *of* reponer

rescatar *to ransom, rescue*

reseña *review*

reservar *to reserve; to limit, restrain*

residir *to reside, live*

resina *resin*

resistencia *resistance; endurance*

resistir *to resist; to endure*

resolver (ue) *to resolve, solve; to decide;* —se *to be resolved*

resonar (ue) *to resound; to be echoed back*

resorte m. *spring*

respecto *relation; respect;* — a *with regard to, as for*

respetable *respectable; honorable*

respeto *respect*

respiración *breathing*

respirar *to breathe*

responder *to reply, answer*

restar *to remain, be left*

resto *rest, remainder;* —s *remains*

resuelto *p.p. of* resolver

resultar *to result, follow; coll. to work well (or badly); to work out*

resultado *result, outcome*

resumir *to summarize*

resumen m. *summary*

resurgimiento *reappearance*

retacar *coll.* *to stuff; to cram, fill up*

retar *to challenge*

retener *to retain; to keep, hold*

retiro *retreat; retirement;* pensión de — *retirement pension*

retorcido *twisted*

retrato *portrait*

reunir *to gather*

revelar *to disclose, reveal*

reventar (ie) *to burst, explode*

reverencia *reverence, homage*

revisación *revision; inspection*

revisar *to revise; to examine*

revista *magazine; inspection*

revistero *reporter*

revolcarse (ue) *to tumble, wallow*

revólver m. *revolver, pistol*

rey m. *king*

rezar *to pray*

rezongar *to grumble, growl*

ribera *shore, bank*

rico *rich, wealthy; abundant*

rígido *rigid; rigorous*

rima *rhyme; poetic composition*

rincón m. *corner*

riñón m. *kidney*

río *river*

riqueza *riches, wealth; excellence*

risa *laughter*

ritmo *rhythm*

rizado *adj.* *curled*

robo *theft, robbery*

roca *rock, cliff*

rodear *to surround, encircle*

rodeo *rodeo; (roundabout) detour*

rodilla *knee*

rogar (ue) *to beg*

rojo *red*

romancero *collection of ballads*

romería *pilgrimage; picnic, excursion*

romero *pilgrim*

romper *to break, tear;* —se *to break;* — a + *inf. to start* + *pres. p.*

ronco *adj.* *hoarse*

ronquido *n.* *snore*

ropa *clothes, clothing*

rosa *rose*

rosquilla *sweet ring-shaped fritter*

rosquillera *rosquilla maker or vendor*

rostro *face*

roto *p.p. of* romper

rotular *to label, address (an envelope)*

rubio *blond*

ruborizarse *to blush*

rubricar *to sign and seal; (figurative) to testify*

rudo *adj. rough; severe; unpolished*

rueda *n. wheel;* silla de —s *wheel chair*

ruido *noise*

ruina *ruin, decline*

ruinioso *worthless, ruinous*

rumbo *route, way; direction*

rumor *m. rumor; sound of voices*

rutina *routine, rut*

s

saber *to know, to know how;* — de *to hear of;* — a + *n. to taste like + n.*

sabor *m. flavor, taste; pleasure*

sabroso *tasty, delicious*

sacar (qu) *to take out, extract*

saciar *to satisfy, satiate*

saco *n. coat*

sacrificar (qu) *to sacrifice;* —se *to sacrifice oneself*

sacrificio *sacrifice*

sacudida *shaking, jerk; beating*

sacudido *adj. shaken; beaten*

sacudir *to shake, jerk; to beat*

saeta *arrow, dart*

sagrado *sacred*

sal *f. salt*

sala *living room*

salida *exit; departure*

salina *salt mine*

salir *to go out, come out; to rise, appear; to leave, go out*

saliva *spittle, saliva*

salón *m. assembly room, large hall*

salpicado *adj. sprinkled*

saltar *to jump; to pop out;* — el ojo a alguien *to make someone's eye pop out*

salto *jump*

salud *f. health; prosperity*

saludar *to greet, welcome*

salvaje *m. savage*

salvar *to save*

san *contraction of* santo

sangre *f. blood*

sano *adj. healthy, sound*

santidad *holiness*

santo *adj. and n. saint*

sargento *sergeant*

sartén *f. frying pan*

satisfacer *to satisfy*

satisfecho *adj. satisfied, pleased*

saya *skirt*

secar *to dry; to wipe*

seco *dry*

secreto *adj. and n. secrecy, secret*

sed *f. thirst;* tener — *to be thirsty*

seguida: en — *immediately,*

at once

seguido: a reglón — *immediately afterwards, right after*

seguir (i) *to follow; to go on;
to keep on;* — + pres.p. *to
keep on* + pres.p.

según prep. *according to, as*

segundo n. *second (of time);*
adj. *second*

seguridad *security; certainty*

seguro adj. *sure, positive;*
estar — de *to be sure (of)*

seleccionar *to select*

selva *forest, wood*

selvático adj. *wild*

sellar *to seal*

sello *stamp*

semana *week*

sembrado n. *sown ground*

sembrar (ie) *to sow; to seed*

semejante adj. *such a; similar*

sencillo *simple, plain*

sendos adj.pl. *each of two,
one for each; coll. strong,
big*

sensibilidad *sensibility, sensi-
tiveness*

sensible *sensitive, sensible*

sensitivo *sensitive, sensible*

sentado adj. *seated*

sentarse (ie) *to sit down*

sentencia *sentence, verdict;
penalty*

sentido *sense; meaning, signif-
icance*

sentimiento *feeling, emotion*

sentir (ie) *to feel, perceive;
to hear;* — mucho *to be very
sorry;* —se bien (mal, feliz)
to feel well (bad, happy)

señal f. *sign, indication*

señalar *to point out; to indicate*

señor *sir; Mr.;* el Señor *the
Lord*

señora f. *lady, madam, Mrs.;
wife*

señorita f. *young lady, young
mistress; Miss; coll. mistress
of the house*

señorito m. *young man; coll.
master of the house*

separar *to separate, divide*

ser *to be;* o sea *that is to say;*
quienes sean *whoever they
may be;* m. *being, existence,
life;* — querido *loved one*

sereno *serene, calm, peaceful*

seriedad *seriousness*

serio adj. *serious; plain, true*

serpiente f. *snake, serpent*

serrano adj. *mountain*

servicio *service*

servir (i) *to serve; to be use-
ful*

severo *severe; strict*

sido p.p. *of* ser

siembra *sowing, seeding;
planting; cornfield*

siempre *always;* para — *forever;* de una vez para — *once
and for all*

sierra *mountain range*

siesta *after-dinner nap; hot-
test part of the day;* hacer
la — *to take a nap*

sigilo *seal, reserve, caution*

siglo *century*

significado m. *meaning, sig-
nificance*

significar *to signify, mean;
to represent*

siguiente *adj.* *following, next;*
al día — *the next day;* a la
mañana — *the next morning*

silbar *to whistle*

silencio *silence, repose;*
secrecy

silueta *silhouette; outline*

silla *chair*

sillar *m.* *square hewn stone*

sillita *dim.* of silla

sima *abyss; deep cave*

simple *adj.* *mere; simple,*
plain

sin *prep. without;* — que
conj. without; — embargo
however; — parar *continuous-*
ly

singular *adj. and n.* *singular;*
strange, extraordinary

sino *conj.* *but;* — que *but*

síquico *adj.* *psychical, psy-*
chological

siquiera *conj.* *at least;* ni —
not even

sirvienta *maid, servant girl*

sitio *place, location; siege*

situar *to place, situate;* —se
to be situated, placed

soberbia *excessive pride,*
haughtiness

soberbio *overproud; superb*

sobrado *abundant, excessive*

sobre *m.* *envelope; prep. on,*
upon; over, above; about;
— todo *above all*

sobrenatural *adj.* *super-*
natural

sobresaliente *adj.* *excelling,*
excellent

sobresalir *to excel, stand out*

sobrevenir *to come upon; to*

arrive, come

sobreviviente *adj. and n.* *sur-*
vivor; surviving

sobrio *adj.* *sober, temperate*

sofocante *suffocating, stifling*

sol *m.* *sun;* a pleno — *under*
the bare sun; puesta del —
sunset

solamente *adv.* *only*

soldado *adj.* *welded, soldered;*
m. soldier

soledad *solitude*

soler (se) (ue) *to accustom,*
be used to

solicitado *adj.* *demanded,*
asked for

solidez *f.* *solidity, strength;*
integrity

solitario *adj.* *solitary, lonely;*
isolated

solo *adj.* *alone, single; only,*
lonely; una sola vez *only once*

sólo *adv.* *only, solely*

soltar (ue) *to let go, set free*

soltera *old maid, unmarried*
woman

soltero *unmarried, single*

sombra *shadow, shade, dark-*
ness; ghost, spirit

sombrero *hat*

sombrío *adj.* *somber, gloomy;*
dark

sonado *celebrated, famous*

sonaja *timbrel*

sonar (ue) *to sound; to be*
rumored, reported

sonido *sound*

sonoro *sonorous, harmonious*

sonreír *to smile;* —se *to smile*

sonriendo *pres.p.* of sonreír

sonriente *adj.* *smiling*

sonrisa *smile*

soñar (ue) *to dream, indulge in reveries;* — con *to dream of*

sopa *soup*

soplar *to blow, inflate*

soplo *blowing, blast*

soportable *supportable, tolerable*

sorbo *sip, swallow*

sórdido *sordid, dirty; indecent*

sordo *deaf; noiseless, quiet*

sorprendente adj. *surprising*

sorprender *to surprise; to come upon*

sorpresa *surprise*

sostén m. *support*

sostener *to sustain, support, keep, maintain*

suave adj. *soft, delicate; mild*

suavidad *softness; delicacy*

subido adj. *mounted; built up*

subir *to rise, ascend; to go up; to get on*

súbito adj. and adv. *sudden, hasty; suddenly, unexpectedly*

sublimar *to sublimate*

subterráneo m. *subterranean cave, cellar, vault*

suceder *to happen, take place, to follow*

sucio *dirty, filthy*

sudar *to sweat, perspire; figurative to work*

sudor m. *perspiration, sweat*

sueco adj. *Swedish, from Sweden*

suegro *father-in-law*

sueldo *salary, earnings*

suelo *floor, ground; soil*

suelta: dar — (a alguien) *to give liberty (in the army) or free time (to someone)*

suelto adj. *loose, free; isolated;* m. *newspaper item or paragraph; editorial paragraph*

sueño *sleep; dream; illusion, hopeful anticipation;* tener — *to be sleepy*

suerte f. *luck, fortune; fate, destiny*

sufrimiento *suffering, endurance*

sufrir *to suffer, endure*

sugerir (ie) *to suggest*

suicidarse reflex.v. *to commit suicide*

suicidio *suicide*

sujetar *to fasten, to hold on (to);* —se *to hold on (to)*

sujeto adj. *fastened, grasped*

sumamente *very, extremely*

sumisa adj. *meek, humble, resigned*

superar *to surpass, excel; to overcome*

superior adj. *superior; greater, better*

superrealista adj. *surrealist*

suplicante adj. and n. *supplicant, begging*

suplicar (qu) *to supplicate, beg, implore*

suponer *to supose, assume; to imagine*

surco *groove, rut*

surgir (j) *to appear, come out*

surtidor m. *spout, spring,*

fountain

suscitar *to stir up, rouse, pro-*
mote

suspirar *to sigh; to crave,*
long for

suspiro *sigh; suspiration,*
breath

sustancial *substantial*

sustantivo *m. substantive,*
noun

susurrar *to whisper, murmur*

sutil *adj. subtle, keen; slen-*
der, thin

suyo *poss. adj. his, of his,*
her, of hers, its, your (for-
mal), of yours, their, of
theirs; el *— poss. pron. his,*
hers, yours, theirs; los *—s pl.*
his (her, their) family

t

taberna *tavern, saloon, bar*

tabla *board*

tablado *stage, platform*

tabú *m. taboo*

tacón *m. heel-piece of a shoe*

taconear *to drum with the*
heels

tal *indef.adj. such, such a;*
con *— (de) que conj. provid-*
ed that; el *— that person,*
such a one; la *— that person,*
such a one; — vez perhaps,
maybe; un *-- + proper name*
someone by the name of +
proper name

tamaño *size*

tambaleante *adj. staggering,*
tottering

tambalear (se) *to stagger, tot-*

ter

también *adv. also, too, like-*
wise

tampoco *adv. neither, not*
either

tan *adv. contraction of* tanto
so, as; such a; — ... como ...
as ... as ...

tanda *turn, rotation;* una *—*
de tragos a round of drinks

tanto *indef. adj. so much,*
as much, so great, as great,
so many, as many; adv. so
much, so, as much; — ...
como ... both ... and ...,
as well ... as ...; mientras
— meanwhile; por lo *— there-*
fore

tardar *to delay, be late*

tarde *f. afternoon, evening;*
adv. late; a la *— in the after-*
noon; más *— later;* por la *—*
in the afternoon

taurino *adj. taurine, bovine*

teatral *adj. theatrical*

teatralería *theatrical detail,*
theatrics

teatro *stage, theater; drama;*
figurative place where an
event takes place

técnica *n. technique*

tejabán *m. covered walkway*

tejado *roof, tiled roof*

tejer *to weave, knit; to make*
webs

tejido *web, fabric; mesh*

tema *m. subject, theme; mo-*
tive

temática *f. one or a number*
of subjects, themes

temblar (ie) *to tremble,*

shiver

temblor *m.* *trembling, tremor*

temer *to be afraid, fear*

temor *m.* *fear, apprehension*

templar *to temper, pacify, calm*

temprano *adj. and adv.* *early*

tenderete *m. fam.* *open air sales stand*

tender (ie) *to extend, stretch out*

tendido *adj.* *extended; long*

tener *to have, possess; to hold;* —se (uno) por *to consider oneself as;* — que + *inf.* *to have* + *inf.;* — frío (calor, hambre, sed) *to be cold (hot, hungry, thirsty);* — razón *to be right;* — entre manos *to be working on;* — + *number* + años *to be* + *number* + *years old;* yo tengo para mí (que) *I believe, suspect (that);* no — par *to have no equal*

tenue *adj.* *delicate, tenuous*

teoría *theory, speculation*

teórico *theoretical, speculative*

teresiano *adj.* *related to* Santa Teresa de Jesús

terminar (se) *to end, finish*

término *expression; term; word*

ternura *tenderness*

terrateniente *m.* *landowner*

terraza *terrace*

terreno *place*

tesoro *treasure*

testigo *m. and f.* *witness*

testuz *m.* *forehead (of an*

animal)

tía *aunt; coll. a common woman*

tiempo *time;* hace — *it's been a long time*

tierno *soft*

tierra *land, soil, ground*

timbre *m.* *stamp*

tino *aim*

tinta *ink*

tinte *m.* *dyer's shop, dye*

típico *typical*

tipo *kind, type*

tirado *abandoned*

tirante *adj.* *taut, tense*

tirar *to throw*

tiro: — al blanco *target*

titular *to entitle, to title; m.* *headline*

título *title*

toalla *towel*

tocadiscos *m. sing.* *record player*

tocar (qu) *to touch, to play (a musical instrument)*

todavía *still, yet*

todo *adj.* *all, the whole, every; m. and f.* *everything, all, everyone;* todas partes *everywhere;* del — *completely;* con — *still*

toldo *awning*

tomada *capture, seizure*

tomar *to take, to drink*

tomate *m.* *tomato*

tonificador *invigorating*

tono *tone*

tontería *nonsense;* no hacer más — *not to do any more foolishness*

tonto *stupid, ignorant; m.*

and f. idiot
toque m. touch, touchstone
torero bullfighter
tormenta storm; (literally)
  adversity, misfortune
tornar to repeat, to return
torno: en — a around
torre f. tower
torreón m. fortress tower
  for defense
torta a round cake
tortilla omelet
tortuoso winding
torturado tortured
tosco rough, coarse
trabado stuck
trabajador hard-working;
  m. and f. worker
trabajar to work
trabajo work, job
trabar — conversación to
  strike up a conversation
traducción translation
traducir (zc) to translate
traer to bring
tragedia tragedy
trago drink
traición treason; a — treacherously
traidor traitorous
traje m. dress, suit
trajecito dimunitive of traje
trajín m. hustle and bustle
trajinar to go back and forth
trama plot
tramar to plot, to contrive
transcurrir to pass, to elapse
transferir (ie) to transfer
transfondo backdrop
transmitir to transmit
tranvía m. streetcar, trolley

trapecio trapeze
tras after, behind
trasfigurar to transfigure
trasladar to move
trasmontar to sink
trasnochar to spend a sleep-
  less night
trasparencia transparency
traspié m. stumble; dar —s to
  stumble; coll. to slip, go
  wrong
traspuesto disappeared
trasto gadget
tratar to handle, to treat,
  to cover; — de to deal with;
  — de + inf. to try + inf.
tratamiento treatment
través: a — de through, across
travesía crossing, voyage
trayecto journey, passage,
  course
trazado outlined
trecho: de — en — from place
  to place; from time to time
tregua: sin — without letup,
  without respite
tremendo tremendous
trémulo tremulous, shaking
tren m. train
trepar to climb, to clamber
triángulo triangle
tribu f. tribe
triscador frisky, noisy
triste sad, gloomy
tristeza sadness, gloom
triunfar to triumph
triunfo triumph
tronchado split
tropa troop
tropezar to stumble, to slip
tropezón: a tropezones coll.

by fits and starts; falteringly
trueno *thunder*
trueque: a — de *in exchange for*
truncado *truncated*
tuerto *one-eyed*
tumbo *fall, tumble*
turbio *murky, muddy*
turismo *tourism*
turista *m. and f. tourist*
turpial *m. troupial (a bird)*

u

último *last, latest, most recent; m. and f. the last (one)*
ultraje *m. outrage, insult*
único *only m. and f. the only (one)*
unido *united*
unir *to unite*
universidad *university*
universitario *(pertaining to a) university*
usar *to use*
uso *use*
utilizar *to utilize, to use*

v

vaca *cow*
vacío *empty*
vacilar *to vacillate, to waver*
vagar *to wander;* andar de — *to be idle*
vago *vague*
vaina *pod*
valentía *valor, bravery*
valer *to be worth*
valerosamente *courageously*

valiente *valiant, brave*
valioso *valuable, worthy*
valor *m. value, worth*
valle *m. valley*
vanguardia *vanguard*
vano *vain;* en — *in vain*
variado *varied*
variante *f. variant*
variedad *variety*
vario *various, varied; pl. several*
vaso *m. glass*
vástago *offspring*
vecino *neighbor*
vega *fertile plain*
vehemente *vehemently*
vejestorio *coll. old dodo*
vejez *f. old age*
velar *to watch over, to guard*
vencer *to conquer, to defeat;* darse por vencido *to give up*
vendedor *seller, vendor*
vender *to sell*
veneno *poison, venom*
vengar *to avenge*
vengativo *vengeful, vindictive*
venir *to come, to arrive*
venta *sale*
ventana *window*
ventanilla *small window, opening*
ventilador *m. ventilator, fan*
ver *to see*
veraneante *m. and f. summer vacationist*
veranear *to summer*
veraneo *summering*
verano *summer*
verdad *f. truth;* en — *truly, really*
verdadero *true, real*

verde *adj. and m.* *green*
verdinegro *dark green*
vergüenza *shame, embarrassment*
vericueto *rough, uneven
ground*
verificar *to verify, to check*
verja *grill gate*
vermut *m.* *vermouth*
verosímil *likely, probable*
verso *verse*
vertebrado *vertebrate*
verspertino *adj.* *evening*
verter *to overflow*
vestigio *vestige*
vestir (se) *to dress (oneself)*
vez *(pl. veces)* *time;* a mi —
in turn; a veces *sometimes*
viajar *to travel*
viaje *m.* *trip*
viajero *traveler, passenger*
viejecito *diminutive of* viejo
viejo *old*
viento *wind*
vientre *m.* *bowels*
vigésimo *twentieth*
vigia *m.* *lookout, watch*
vigilar *to watch over*
vil *vile, base*
villa *town*
viña *vineyard*
viruela *smallpox*
visitante *m. and f.* *visitor*
visitar *to visit*
vislumbrar *to glimpse, to suspect*
víspera *day before*
vista *view;* a primera — *at
first glance;* en — de *in consideration of*
vistazo *look, glance*

visto *conspicuous*
vitualla *provisions, food*
vivo *acute, alive, intense*
vivir *to live*
volar *to fly*
volcán *m.* *volcano*
volumen *m.* *volume*
voluntad *will, fondness*
volver *to turn, to return;* —se
to become
voz *(pl. voces)* *voice*
vuelta: (estar) de — *(to be)
back*
vuelto *p.p. of* volver

y

yacer *to lie, to rest*

z

zaguán *m.* *vestibule, entry*
zalamero *flattering*
zapatero *shoemaker*
zapato *shoe*
zarpar *to weigh (anchor)*
zarzal *m.* *blackberry patch,
underbrush, brambles*
zumbar *to make fun of, to
let have*

PERMISSIONS AND ACKNOWLEDGMENTS

We wish to thank the following authors, publishers, and holders of copyright for permission to reprint the materials in this volume:

Julio Rajal for "La España invisible," by José Martínez Ruiz (Azorín) (GE)

Ángel López Oropeza for "Una carta a Dios," by Gregorio López y Fuentes (J)

New Directions for "Las seis cuerdas," "Cazador," and "Baile," by Federico García Lorca. Federico García Lorca, *Obras completas.* Copyright © 1954 by Aguilar, S.A. de Ediciones, Madrid. All rights reserved. Reprinted by permission of New Directions Publishing Corporation. (GJ)

Emecé Editores for "Emma Zunz," by Jorge Luis Borges (CJJ)

Leopoldo Zea for "El indio," by Leopoldo Zea (J)

Camilo José Cela for "La Romería," by Camilo José Cela (J)

Fondo de Cultura Económica for "No oyes ladrar los perros," by Juan Rulfo (AJJ)

Carmen Balcells for "La prodigiosa tarde de Baltazar," by Gabriel García Márquez (CJJ)